MAGIAS DO AMOR

Sandra
Arno Frank Eser

MAGIAS DO AMOR

Fórmulas mágicas de romantismo, sexo e amor

Tradução
VERIDIANA

EDITORA PENSAMENTO
São Paulo

Título original: *Liebeszauber: hexenrezepte für romantische gefühle, sex und erfüllte liebe.*
Copyright © 2003 Verlagsgruppe Random House GmbH.

Publicado pela primeira vez em 2002 por Wilhelm Goldmann Verlag, uma divisão da Verlagsgruppe Random House Munique, Alemanha.

Todos os direitos reservados. Nenhuma parte deste livro pode ser reproduzida ou usada de qualquer forma ou por qualquer meio, eletrônico ou mecânico, inclusive fotocópias, gravações ou sistema de armazenamento em banco de dados, sem permissão por escrito, exceto nos casos de trechos curtos citados em resenhas críticas ou artigos de revistas.

A Editora Pensamento-Cultrix Ltda. não se responsabiliza por eventuais mudanças ocorridas nos endereços convencionais ou eletrônicos citados neste livro.

Dados Internacionais de Catalogação na Publicação (CIP)
(Câmara Brasileira do Livro, SP, Brasil)

Sandra
 Magias do amor : fórmulas mágicas de romantismo, sexo e amor / Sandra, Arno Frank Eser ; tradução Veridiana.
 — São Paulo : Pensamento, 2005.

 Título original: Liebeszauber: Hexenrezepte für romantische Gefühle, Sex und erfüllte Liebe.
 ISBN 85-315-1403-7

 1. Amor 2. Feitiçaria 3. Magia 4. Realização pessoal 5. Romantismo 6. Sexo I. Eser, Arno Frank. II. Título.

05-5407	CDD-133.43

Índices para catálogo sistemático:
1. Magia e feitiçaria : Ocultismo 133.43

O primeiro número à esquerda indica a edição, ou reedição, desta obra. A primeira dezena à direita indica o ano em que esta edição, ou reedição, foi publicada.

Edição	Ano
1-2-3-4-5-6-7-8-9-10-11	05-06-07-08-09-10-11

Direitos de tradução para o Brasil adquiridos com exclusividade pela
EDITORA PENSAMENTO-CULTRIX LTDA.
Rua Dr. Mário Vicente, 368 — 04270-000 — São Paulo, SP
Fone: 6166-9000 — Fax: 6166-9008
E-mail: pensamento@cultrix.com.br
http://www.pensamento-cultrix.com.br
que se reserva a propriedade literária desta tradução.

Impresso em nossas oficinas gráficas.

Sumário

Introdução 9

Ninguém me ama 13
   Por que ninguém me ama? 16
   Fantasia ou realidade? 17
   Exemplos da minha experiência profissional 20
   Fortalecer a autoconfiança com receitas de feitiço 23

Alvo dos desejos, mas da pessoa errada 27
   Por que justo eu? 28
   Assédio amoroso — exemplos de minha prática com
      clientes 29
   Agir contra o assédio amoroso com receitas de feitiçaria 33

Amor rejeitado 36
   Qual seria a razão? 37
   O típico comportamento equivocado 39
   Como apoiar a reação? 41

Da amizade ao relacionamento amoroso, e vice-versa 44
Receitas de feiticeira para recuperar-se de um amor
    rejeitado 46
Receitas do vodu de Nova Orleans contra problemas
    de amor 51

Paixão nova, sexo maravilhoso! 59
Aceitar o sexo novo assim como ele é? 60
Melhorar o sexo com magia? 61
O que fazer quando a fase da paixão está terminando? 64
O sexo no dia-a-dia 65
Receitas de feiticeira e vodu contra a força do hábito 67
O encanto do romantismo 73
A diferença entre sexo e erotismo 74
Renovando o sexo, sempre 77

Ciúme não é prova de amor 80
Exemplos de ciúme, com erros típicos 81
Motivos do ciúme 84
Motivos de infidelidade e separação 87
Aceitar ou não uma separação? 89
Receitas de feitiço em casos de infidelidade e ciúme 95

O êxtase do sexo 102
Sexo em demasia também não traz felicidade —
    exemplos práticos 103
Aumentar o êxtase sexual? 106
Diminuir o êxtase sexual? 107
Magia sexual segundo Crowley 109
A negação da magia sexual 112

Reativar um relacionamento "adormecido" 115
   Procurando pelas causas 117
   Ter uma conversa construtiva com o outro...................... 119
   Receitas para reavivar o romantismo e o erotismo 123
   Discutir e decidir juntos sobre as receitas 125
   Onde se originaram os erros? 127

Uma vida sem parceiro 131
   O que é positivo, o que é negativo na vida de solteiro? 135
   Onanismo, o amor por si e para si mesmo...................... 137
   Romantismo e erotismo, também na vida de solteiro 141
   Receitas de feiticeira para levar uma vida de solteiro
      prazerosa.. 144
   As feiticeiras e o sexo 147
   Receitas para uma vida espiritual sem sexo 152

Epílogo... 157

Introdução

A roda do tempo gira cada vez mais rápido, e o ser humano de hoje se obriga a fazer de tudo para ser tão bem-sucedido, tão bonito e tão atraente quanto possível. Ao menos, é disso que os meios de comunicação de massa procuram nos convencer. Todos sorriem, com arzinho superior, do papai e do vovô que, sem um carro, símbolo de *status*, não podiam ser felizes e achavam e continuam achando importante exibir aos vizinhos aquilo que têm. Afinal de contas, nós estamos acima desse tipo de mecanismo tão óbvio que não escapa à nossa sagacidade.

Entretanto, muito poucos percebem que esse jogo bobo não só continua até os dias de hoje, mas fica cada vez mais intenso. O automóvel Opel Kapitän e a moto Isetta, dos anos 50 e 60, foram hoje substituídos pelo computador de última geração e pela casa de praia na ilha de Maiorca. Mas, basicamente, o modelo não mudou em nada. Ao contrário, o que se constata é que a situação se perverteu ainda mais.

"Minha mulher, meus filhos, minha casa, meu barco!" são as palavras que fazem o novo-rico de hoje sentir-se um vencedor ao espalhar as respectivas fotos diante do ex-colega e amigo de escola, para exibi-las como se fossem trunfos em um jogo de cartas. Essa cena nos é bem familiar da publicidade no cinema e na televisão. E há muito a assimilamos como se fosse algo natural. É essa a visão que temos de uma vida de sucesso: minha mulher, meus filhos, minha casa, meu carro, meu barco. Essa assimilação do modelo é tão profunda que chega ao ponto de parecer que já não há outros valores pelos quais valha a pena viver.

Aqui nos deparamos novamente com a questão de o que veio primeiro, o ovo ou a galinha. Nesse caso, é fácil respondê-la. De maneira alguma foi esta ou aquela propaganda que influenciou o nosso comportamento. Pelo contrário, precisamos partir da premissa de que a indústria da publicidade recorreu a determinados padrões de comportamento já existentes e os tematizou com muita habilidade. O absurdo no caso é que ninguém se escandaliza com isso nem reclama a respeito. É que a realidade é assim mesmo. O que, anos atrás, ainda seria considerado um comportamento mesquinho e lamentável, hoje se tornou socialmente aceito. O que a mensagem nos sugere é: Vamos admitir que somos movidos por instintos baixos e aceitemos que temos hábitos profundamente questionáveis de nos gabar e exibir, mas não há nada de grave nisso.

Será que não? A experiência que tenho de minha loja de feitiçaria em Munique, a grande quantidade de contatos por telefone e por cartas e, naturalmente, o contato direto e pessoal com meus clientes e amigos compõem um quadro que mostra algo bem diferente. E esse quadro me preocupa cada vez mais: cristalizou-se uma tendência que já não pode ser ignorada. De tanta preocupação em nos gabar e exibir, em correr contra o tempo, procurar fazer carreira e ostentar *status*, relaxamos com relação ao que há de mais importante nas relações interpessoais: o romantismo, o amor e o sexo.

De fato, em algum lugar dentro de nós está arraigada a necessidade de possuir todos esses atributos, de ter uma parceira maravilhosa ou um parceiro fantástico que instiguem os outros a sentir inveja de nós, de ter atração sexual e muito mais. Porém, dentro do vasto leque de desejos, esses fatores ficam no mesmo nível do carro, do apartamento e da casa de praia. Simplesmente necessitamos dessas coisas, precisamos ostentá-las e, se não as tivermos, nos sentiremos envergonhados. Tudo o que importa é a imagem. Não é de admirar que nos sintamos fracassados, tendo esse tipo de atitude como princípio.

É que os perigos ocultos são muitos. Por exemplo: ninguém me ama, ou, se me ama, é a pessoa errada. Ou: estou perdidamente apaixonado por alguém que nem quer saber de mim. Ou o casal, passada a fase inicial de paixão selvagem, se dá conta de que o seu relacionamento não se sustenta no dia-a-dia, de que passado o encanto da novidade não resta muito.

Mas se finalmente encontramos alguém com quem podemos e até desejamos arriscar uma relação mais prolongada, novos tropeços aparecem no caminho. Ficamos acostumados um com o outro, e o efeito é desgastante para a relação. O interesse sexual vai desaparecendo. No trato mútuo, já não se capricha tanto. A relação que antes fora tão quente, vai adormecendo numa sonolência pacífica, transformando-se numa parceria de feijão com arroz. Juntam-se fatores como ciúme, falta de diálogo e de comunicação e a rotina paralisante.

Acima de tudo, sentimos a constante necessidade de ter de esconder dos outros todas essas dificuldades. É como se algo nos impusesse que precisamos ter um relacionamento. Minha casa, meu carro, meu relacionamento. Será mesmo? Será que na vida de solteiro não há satisfação também?

Essas perguntas não ficarão sem resposta neste livro. Meu co-autor, Arno Frank Eser, e eu não elaboramos um manual sobre sexo, mas muito mais um roteiro para o império do romantismo e das artes de tradição antiga, provindas dos tesouros de sabedoria das bruxas e feiticeiras. Tomo também neste livro a liberdade de combinar conhecimentos transmitidos por minhas irmãs feiticeiras com conhecimentos novos que adquiri e que se baseiam nas consultas diárias à minha clientela. O saber das feiticeiras jamais foi algo estático, pois só pessoas com uma nostalgia mórbida podem ser contra processos que não param de evoluir.

Você terá muitas informações sobre como chegar a um convívio melhor por meio de recursos simples da arte da feitiçaria. O bom senso e a tradição da feitiçaria vão compor, neste caso, uma simbiose favorável. De acordo com a minha compreensão e visão de mundo, ritos antigos, ervas, óleos, velas, amuletos, talismãs e psicologia moderna não são excludentes.

No entanto, decerto você vai aceitar e entender se eu, por força de alguma insegurança, preferir o recurso de receitas antigas a consultas aos conhecimentos atuais, por mais modernos que sejam. É que a ciência moderna já nos decepcionou muitas vezes. Algo que num momento era tido como uma grande descoberta, alguns anos depois estava sendo completamente refutado pela ciência.

Os temas do amor, do romantismo e do sexo são insuperáveis na sua importância. É justamente nessa área que muitas pessoas têm os seus maiores problemas, mesmo que em segundo e terceiro lugar sempre apareçam a saúde e a preocupação com o dinheiro.

"Vocês poderão obter tudo nesse mundo: dinheiro, poder, iluminação, tudo que se possa imaginar", afirma o apóstolo Paulo no Novo Testamento, "mas se não tiverem amor, nada terão". É uma constatação que só posso confirmar. E que os deuses o protejam!

Ninguém me ama

Quantas vezes já ouvi declarações como essa na minha vida pessoal e, principalmente, no dia-a-dia do meu consultório de feitiçaria! "Ninguém gosta mesmo de mim", "Não tem jeito, eu não sirvo para nada", e, como expressão máxima da dor da alma: "Ninguém me ama". Se você mesmo, prezado leitor, indagar quantas vezes já teve de ouvir algo semelhante de seus conhecidos e amigos, a soma de horas e dias será considerável; e talvez até tenham sido semanas, quando seu namorado ou sua namorada padecia de dor-de-cotovelo ou outros sofrimentos amorosos. Essa é a hora de estar junto, segurar a mão do outro e ficar escutando com toda a paciência.

E sejamos sinceros: Você sabe muito bem que também já externou algumas frases desse tipo. E ficava bem contente quando alguém o escutava e lhe proporcionava aquelas "carícias" espirituais de que você tanto precisava.

"Ninguém me ama" virou um dito muito popular. Nem sempre é usado em sentido sério ou trágico; às vezes é também irônico. Quando alguém experimenta e dá expressão à dor da alma, o cínico rapidamente pode retrucar com uma flecha verbal, talvez bem intencionada, mas mesmo assim muito pontuda e afiada:

"Já sei, ninguém te ama e a vida é uma droga mesmo." Até existe um filme alemão muito conhecido e muito bom com o título "Ninguém me ama". No filme, essa frase tão comum é usada de forma irônica e até cáustica.

Mas isso de maneira alguma deve nos impedir de analisar melhor essas três palavras tão conhecidas. Elas revelam muita coisa. Primeiro, que o ser humano é um ser social e não é da sua natureza viver sozinho, ele necessita de companhia. Segundo, que o ser humano não só precisa da companhia, mas também do amor de outras pessoas. E terceiro, e esse poderá ser o ponto mais importante, que o ser humano acredita ter direito a esse amor, pois a ausência de amor lhe dói. Percebe-o não só como um estado a ser lamentado, mas que lhe cabe mudar.

Será que a raiz dessa convivência em sociedade está nos nossos genes? Ou será que esse desejo de ser amado foi implantado em nós pela educação? É provável que estejamos tratando de uma mistura das duas coisas.

Naturalmente, eu daria ao desejo de amor uma definição que passa pela continuidade dos próprios genes, ou seja, pelo instinto de conservação da espécie. O amor é desejo de proximidade, é confiar em alguém, sentir-se bem com ele, nunca fazer uma lista dos defeitos do outro etc. Segundo a famosa frase do filme *Love Story*: "Amar é nunca ter de pedir perdão".

O amor significa intimidade. O outro simplesmente está presente, ele me entende sem que eu precise lhe dar muitas explicações. O amor é mais do que sexo, mais do que erotismo; o amor é a soma de tudo isso.

Não admira que muitos se aflijam por não conseguirem fazer essa soma. Será mesmo verdade que a cada Yin corresponde um

Yang? Somos realmente incompletos como seres individuais? Dependemos de encontrar a nossa outra metade? Entre nós, ocidentais, esse parece ser o caso da maioria. Se não fosse assim, o problema do amor e o fardo que o prazer representa não seriam tão graves em nossa sociedade.

Tanto mais doloroso é se ele ou ela acaba chegando à conclusão de que "Ninguém me ama". Essa frase não exprime apenas a saudade da pessoa, mas também o próprio fracasso. "Mas que droga! Todo mundo tem um parceiro, menos eu!" Naturalmente, não se pára para pensar quem seria "todo mundo" nessa exclamação. Seriam os belos e ricos que todos os dias nos são apresentados pela mídia? Ou seriam os vizinhos e amigos, fazendo de conta que seus relacionamentos estão intactos e em perfeita ordem? Afinal, de quem estamos falando quando dizemos "todo mundo"?

Não importa, pois nesse caso estamos falando de pessoas que têm algo que nós, ao suspirar "Ninguém me ama", obviamente não temos, mas adoraríamos ter. Não só gostaríamos como precisaríamos muito ter, porque sozinhos sentimo-nos incompletos. Uma vida sem amor — que desolação! Pelo menos, é o que vez ou outra nos parece. Eu posso entender que qualquer pessoa tenha momentos em sua vida, e até longos períodos, em que essa sensação se torna dominante e chega a ameaçá-la.

Assim, pode ser que o desabafo "Ninguém me ama" muitas vezes seja apenas o desejo expresso de afeto. Mas não raro é também uma espécie de capitulação, uma desistência de si mesmo, ao menos no plano verbal, e um grito de socorro. "Ninguém me ama, eu sozinho não posso mudar isso; por favor, mude você esse estado de coisas!" Seria mais ou menos esse o sentido.

Como você pode verificar nos meus quatro livros anteriores — *Ich, die Hexe* [Eu, a feiticeira]; *Hexenrituale* [Ritos de feitiçaria]; *Weisse Magie, Schwarze Magie, Satanismus* [Magia branca, magia negra, satanismo]; *Rezepte aus der Hexenküche* [Receitas da cozinha de feiticeira] — ainda não traduzidos para o português, eu prefiro ensinar meus leitores a pescar em lugar de dar-lhes o peixe, ou seja, oferecer ajuda para a auto-ajuda. Portanto, faça um esforço e analise você mesmo uma das questões mais importantes nesse contexto: é verdade mesmo que ninguém me ama ou eu só estou imaginando isso porque de momento me sinto muito fraco ou sem condições de perceber que alguém me ama ou tem afeição por mim?

Por que ninguém me ama?

Quem vive com a sensação de que "ninguém me ama", em primeiro lugar precisa enfrentar a sensação de estar sozinho. O conceito desse "amar" não está vinculado diretamente à sede ou carência de amizade, sexo ou parceria, mas está relacionado ao desejo de companhia, de qualquer tipo. Vou me ater a isso, mesmo que muitos dos meus leitores nesse momento queiram me refutar com mil argumentos contrários.

"Ninguém me ama" — qual seria a razão disso? O primeiro clichê, que é o mais comum: estou muito gordo ou muito magro, sou muito loiro ou muito moreno, tenho a pele muito clara ou muito escura, o tamanho de meu bíceps, de meus seios, minha estatura — tudo grande ou pequeno demais. Coisas externas, portanto. Desculpe, mas não consigo evitar um bocejo, rapidinho. Um relacionamento baseado na aparência nem merece esse nome. Há tempos imemoriais é assim e estamos cansados de saber disso. Que chateação! Se alguém pretende ouvir conselhos de minha parte sobre esse assunto, o melhor é fazer uma cirurgia plástica no nariz, no busto etc., e me deixar em paz. A propósito, agradeço por ter comprado este livro. Você contribuiu para a minha campanha de apoio à defesa dos animais. Obrigada.

Bem, agora vamos falar sério: Se ninguém me ama, qual seria a causa?

Cada pessoa irradia algo muito particular; possui uma expressão pessoal que, mais cedo ou mais tarde, encontrará um receptor. Isso é tão certo e seguro quanto o "amém" na igreja. Mas, aparentemente, não funciona. As razões para isso podem ser as mais variadas. Talvez nesse momento você esteja incubando um problema físico. Ou talvez se sinta desmotivado, fraco, abatido há bastante tempo, durma mal e tenha sonhos ainda piores. Pode ser que você tenha a sensação constante de que a vida está exigindo demais de você. Então faça um *check-up* com seu médico. É um procedimento que recomendo a quem anda desorientado, que não se sente bem e não sabe direito por quê. Pode ser que o médico encontre algo. E, se encontrar, certamente exigirá que você, de uma forma ou de outra, se ocupe com o seu corpo. Já será um começo.

Mas preocupar-se com a sua alma é muito mais importante. É uma área em que verdade e projeção se entrelaçam.

Fantasia ou realidade?

Quem tem a sensação de ter sido abandonado por todos ao seu redor, seus próximos e até pelo mundo todo; quem anseia tanto por reconhecimento e amor sem conseguir obtê-los, percebe essa situação como rejeição, como fracasso pessoal e também como dor. Esse sentimento, essa dor são bem reais ou, pelo menos, são percebidos como reais. Portanto, é impossível querer que desapareçam só por discuti-los ou enfeitá-los com palavras bonitas. Precisamos enfrentá-los e trabalhá-los com seriedade.

Nessa confrontação, o que jamais deveríamos esquecer é o amor à verdade. Isso significa que, em primeiro lugar, precisamos examinar se o suspiro "ninguém me ama" é uma expressão autêntica.

O problema é que tudo é relativo, e não há nada mais relativo do que a verdade. Um esquimó acha a Alemanha insuportavelmente quente, enquanto que um africano sente frio na Alemanha e também o expressa por palavras. Ambos dizem a verdade. Cada qual tem a sua própria verdade, experimentada e sentida de forma pessoal. É algo incontestável.

Portanto, quem não se sente amado, como se ninguém fizesse caso dele, percebe nisso uma situação verdadeira. Até pode ser que, vista de fora, essa situação possa parecer bem outra. Mas é a força da mente que torna realidade essa avaliação.

Em um de meus livros anteriores mencionei nesse contexto um exemplo que quero repetir aqui, pois é uma história real. Por descuido, um homem fica trancado numa câmara frigorífica e morre ali dentro; a causa da morte apontou, inequivocamente, sintomas de congelamento. Foi o que, no dia seguinte, os médicos puderam constatar, sem sombra de dúvida. Para o pobre homem enclausurado isso foi fatal, ainda que o sistema de refrigeração estivesse *desligado*. A verdade desse homem foi que numa câmara dessas se morre congelado; e a sua mente se programou para isso.

Logo, a declaração "ninguém me ama" deve ser levada a sério, pois trata-se de uma verdade realmente palpável.

Só podemos mudar e reorientar essa verdade, nunca podemos fazer de conta que ela não existe. Entretanto, é lícito e necessário fazer alguns questionamentos. Será verdade realmente que ninguém me ama? Para obter uma resposta, é suficiente darmos uma boa olhada na nossa agenda de endereços e nos concentrarmos em cada nome, até nos lembrarmos de alguma coisa boa, de um acontecimento positivo ligado a essa pessoa. Não precisa ter sido uma aventura amorosa, basta ter sido uma experiência boa.

O problema é que a todo momento estão querendo nos convencer de que precisamos ser sempre bem-sucedidos e felizes!

Portanto, quem não se sentir assim por algum tempo, correrá o risco de pensar que é um fracassado. Os que são realmente fracassados preferem esconder-se. Cortam contatos de longos anos, já não freqüentam a roda de amigos, não vão ao boliche nem à noitada dançante, nem sequer aceitam mais convites. Isso porque não querem que os outros notem que há algo de errado com eles. Recolhem-se dessa maneira a uma ilha onde só há lugar para eles mesmos. Quem ouviu recusas a vários convites, depois de algum tempo já não se dá ao trabalho de repeti-los. O inverso também é válido: Não quero levar nenhum fora, não quero que me dêem o troco pelo meu fracasso, portanto, é melhor que eu não convide mais ninguém. É uma reação oposta fatal que leva a um isolamento ainda maior.

Relações com outros e amizades precisam ser bem cuidadas e tratadas, feito uma planta delicada. É preciso regar, tratar com carinho, tirar as ervas daninhas e de vez em quando dedicar-lhe uma afeição especial, dizer-lhe como é bom que ela exista. Amizades que só são lembradas quando se quer algo do outro não merecem esse nome. O mesmo vale para amizades que só existem quando se está de alto astral e não há nuvens no horizonte. Relacionamentos do tipo "está tudo bem" são muito comuns, hoje em dia. "Não me venha com problemas, pois já tenho os meus próprios, muito obrigado! Portanto, sorria sempre, vamos nos divertir juntos e nada além disso." Mas, mais cedo ou mais tarde, essa atitude só vai trazer resultados amargos.

É nessa situação que o nosso sujeito de "ninguém me ama" se encontra agora.

Os contatos sociais estão minguando, fica-se paralisado, curtindo um enorme baixo-astral e sonhando com a mulher maravilha ou o príncipe encantado que, vapt-vupt, num passe de mágica, faça mudar tudo para melhor. De um lado, dá para entender, mas por outro, pensar assim é mais do que ingênuo e prejudicial.

São os amigos verdadeiros que ajudam esse candidato marcado, conduzindo-o de volta à vida, passo a passo. Hoje um cieminha, amanhã um encontro num barzinho, depois de amanhã algo diferente. Nada de forçar a barra no sentido de arrumar um novo namorado ou uma nova namorada para o nosso candidato, pois isso geralmente dá maus resultados. Uma manobra dessas, ao ser descoberta, não apenas se torna penosa, como poderá trazer sérios problemas para a amizade. O próprio candidato marcado pelo "ninguém me ama", sentindo o seu estado lastimável como verdadeiro, deve estar disposto a tomar a iniciativa, se necessário. Caso contrário, nada mudará. Para deixar isso bem claro: ele mesmo tem de voltar a fazer contato com velhos amigos e propor atividades. Não precisa logo ser um jantar em casa, que dá muito trabalho. Já ajuda dar uma olhada no jornal para ver o que está acontecendo em termos de programas locais. Uma palestra sobre a Tunísia — por que não? Uma discussão sobre o último escândalo no governo — nada mal. Ou simplesmente um encontro de colecionadores de selos, criadores de pombas, pesca esportiva... dependendo do que lhe der prazer. Estou certa de que você entende o que quero dizer.

Não importa o que você decida fazer, vai levá-lo um passo adiante. Talvez não aconteça de repente, mas a longo prazo com certeza fará seu efeito. Siga esta regra básica: Quem quiser mudar algo, precisa dar o primeiro passo.

Ficar parado é como morrer. E quem toma a iniciativa logo descobre se a rejeição que sente da parte de todo mundo é real ou imaginária.

Exemplos da minha experiência profissional

O assunto "amor" é, como eu já disse, o tema central do meu trabalho diário de aconselhamento no consultório de feitiçaria. Se agora apresento alguns exemplos da minha prática, faço-o com a intenção de que você possa talvez encontrar paralelos ou semelhanças quanto ao seu próprio problema. E logo verá que sua dor da alma não é tão única e singular quanto você imaginava.

Naturalmente, todos os nomes que uso nos meus exemplos de caso foram alterados. Feiticeiras e magos, pelo menos os sérios, devem manter sigilo profissional, assim como médicos e advogados.

O jovem Michael L., de 26 anos, é um *cameraman* bem-sucedido que, na minha avaliação subjetiva, tem boa aparência, é charmoso e amável. Mas ele próprio se sente feio e sem atrativos. Essa atitude foi se cristalizando, porque na sua imaginação várias vezes encenou um flerte com uma determinada pessoa, mas toda vez acabava levando um fora. Assim ficou com a impressão de que nunca ganharia a quem ele quisesse, de que não tinha valor no mundo e que o melhor e mais prudente mesmo seria suicidar-se de uma vez. Como conseqüência, entrou numa forte depressão que, a meu ver, precisava de tratamento médico urgente.

Mas Michael não quer saber disso. Aprofunda cada vez mais o seu sofrimento, encaminhando-o na direção de um isolamento criado por ele mesmo. Passa uma impressão de tristeza e de negatividade, com o que certamente nunca vai encontrar uma namorada.

Lucy D. não chega a pesar 40 quilos, é uma pessoa do tipo *mignon*. Mesmo assim, sente-se gorda demais. E está absolutamente convencida de que, como a mulher gorda e feia que imagina ser, jamais encontrará um parceiro. Segue uma dieta depois da outra e está anoréxica há muito tempo. Não adianta dizer-lhe que já está magérrima. Ela acha que está gorda, e pronto. Conclusão, a impressão que ela irradia acaba sendo a de uma mulher gorda e sem atrativos. Com certeza continuará a torturar-se ainda por algum tempo.

Peter H. tem uma mania, ou melhor, um complexo de cultura. Ele se considera burro e ignorante em todos os sentidos, mas gostaria muito de parecer espirituoso. Decora expressões de filmes para usá-las no momento certo, como se fossem idéias dele. Enfrenta cada conversa cheio de medo. O pior que lhe poderia acontecer é alguém considerá-lo tolo e inculto. No entanto, Peter fez o *Abitur** e está estudando Física, no quarto semestre, uma das disciplinas universitárias mais difíceis. Por estar sempre tenso demais, ele não só espanta amigos em potencial, mas também impede qualquer flerte.

Cláudia R. tem pouco mais de 30 anos e é realmente bonita. Mesmo assim, reclama todos os dias na frente do espelho do seu busto muito pequeno, das pernas tortas e muitos outros supostos defeitos. Ela não gosta do seu corpo. Fisicamente é tão atraente que os olhares masculinos a seguem por onde passa. Mas dificilmente alguém tentaria dirigir-lhe uma palavra, porque a impressão que passa é a de uma mulher excepcional. Mas é esse tipo de supermulher, que acaba não se sentindo nada *super*, que quando vai a uma festa logo constata que em sua maioria os convidados vieram acompanhados. "Cada um tem alguém, está comprometido de alguma forma, só comigo nada dá certo. Bem, como é que vai dar certo, com esse busto pequeno e minhas pernas tortas?" Ela chega a sair mais cedo das festas porque não agüenta ver todos esses casaizinhos. Os outros convidados ficam perplexos, e cada um se põe a imaginar se teria dito algo de errado a Cláudia.

De tanto sentir-se amedrontada, temendo ficar para titia e sozinha, Cláudia sempre se envolve com homens de nível muito abaixo do dela, com o objetivo único de estar acompanhada quando vai a um restaurante ou a uma festa. Assim, nessas relações o caos já está programado e a separação nunca demora para acontecer. Naturalmente, ela vive choramingando e se lamentando para as amigas de que "ninguém me ama".

---

* Exame de conclusão do segundo grau, nos colégios da Alemanha, difícil e exigente, que habilita à universidade.

Se reduzimos todos esses casos ao essencial, chegamos à conclusão de que se trata sempre de falta de autoconfiança. Como remediar ou pelo menos amenizar essa carência é algo com que os psicoterapeutas ganham o seu pão e algo mais, quando, ao longo de inúmeras sessões, tentam descobrir a ferida primeira que produziu uma profunda lesão na autoconfiança desse paciente.

Nós, as feiticeiras, porém, não compartilhamos dessa opinião de que cada ferida precisa ser reaberta. Procuramos ajudar com meios simples, mas eficientes, de tradição centenária.

Fortalecer a autoconfiança com receitas de feitiço

A primeira receita que passo para todos os que sofrem da síndrome do "ninguém me ama" não tem nada a ver com a arte da feitiçaria, mas com o bom senso. Recomendo a meus clientes fazer algo de bom por si mesmos. Pode ser uma roupa nova, sapatos novos, ou até mesmo um penteado novo, um banho de relaxamento, umas férias curtas ou comer bem num restaurante de classe. O importante é mimar a si mesmo. Quem é mimado, não importa por quem, logo se sente melhor e pode ter uma expressão pessoal mais positiva.

Fortalecer a autoconfiança e a expressão pessoal em geral é algo que também se pode conseguir com pequenos recursos de feitiçaria. Quem gosta de pedras, com certeza terá êxito com alexandrita, quartzo rosa e cristais. A energia, comprimida e concentrada por milhares de anos, passa ao seu portador.

Quem se sentir bem com um amuleto como fonte constante de energia deve utilizar, para o fortalecimento de sua autoconfiança, os amuletos de Júpiter e de Mercúrio combinados, além do pentagrama de Salomão, um protetor em quase todas as situações da vida, e o pentagrama do amor. É possível fabricar esses amuletos em casa. É só conhecer a sua forma. (Para isso, veja meus livros anteriores, onde há instruções exatas.) Mas pode-se também comprá-los prontos. O importante nesses amuletos é que ninguém, além do seu portador, deve tocá-los. E precisam ser benzidos ou consagrados num pequeno rito. Não é tão complicado quanto parece. O amuleto precisa ficar de molho em sal, durante uma noite. Depois, deve ser lavado com água de rio ou de lago. Então, toma-se o amuleto na mão, dizendo-lhe o que se deseja dele. "Querido amuleto, quero que fortaleça minha autoconfiança e que eu encontre finalmente (ou de novo) um parceiro que combine comigo." Diga essa frase ou outra parecida três vezes, em voz alta. É só isso. Não importa a escolha exata das palavras, pois mais valem a intenção e a convicção que você emprega ao recitar a fórmula.

Um aspecto muito importante, tanto quando se trata de fortalecer a autoconfiança quanto de ter uma expressão pessoal positiva para os demais, está ligado ao olfato. Pode-se gostar ou desgostar de alguém devido ao odor que o outro transmite e ao qual reagimos de forma pessoal. Sentir cheiros é um ato inconsciente. Muitas vezes são nuanças mínimas de cheiro, quase imperceptíveis aos nossos sentidos, e, no entanto, têm efeito decisivo. Portanto, vamos usar os óleos Love, Magic e Power combinados, óleo Goddess (que desperta os espíritos do amor) e/ou Attraction. Todas essas misturas podem ser encontradas nas lojas de artigos de feiticeira ou de magia de sua confiança. Evite os produtos baratos dos departamentos de produtos esotéricos das grandes lojas. Ali muitas vezes são oferecidas essências inócuas, que imitam determinado odor, mas que são produzidas quimicamente e, portanto, não têm efeito mágico.

Óleos mágicos são usados em gotas no pescoço, atrás das orelhas, esfregando-as nas palmas das mãos e na região do coração. Quem exagerar na dosagem, andando pela vida embalado numa densa nuvem de cheiros exóticos, terá um novo problema. A única vantagem que terá talvez seja a de sempre conseguir que no ônibus ou metrô se desocupe um lugar. Portanto, é bom lidar com óleos mágicos com muita cautela. Aqui vale a regra: menos é mais.

Também podemos realizar um pequeno rito com esses óleos. Primeiro, vamos arrumar a casa. Compre uma vela cor-de-rosa (pois rosa é a cor do amor) e esfregue o óleo na vela, mas em doses homeopáticas, ou seja, mínimas. Mais importante do que a quantidade é que você, ao passar o óleo na vela, pense no que deseja: seja o reconhecimento social ou o papel que você pretende desempenhar no seu círculo de amizade ou o parceiro que você até o momento não encontrou. Cada vez que você acender uma vela, faça-o devagar, dê à cerimônia certa solenidade e concentre-se no novo. Fixe o seu desejo na chama da vela e acenda-a só para essa finalidade. Jamais assopre uma vela à qual está conferindo significado mágico. Para apagá-la, sufoque a chama com um pequeno recipiente ou entre os dedos. (Não dói.)

Se quiser saber exatamente como lidar com velas, óleos e outros utensílios, recomendo-lhe meu livro *Rezepte aus der Hexenküche. Magische Kräuter, Öle und Hexenwissen*, da Goldmann Verlag [Receitas da cozinha de feiticeira. Ervas e óleos mágicos e conhecimentos de feitiçaria].

O auge de cada ato mágico é um rito. Você não precisa seguir ou imitar rigorosamente minhas dicas; o importante é a energia espiritual que você emprega no rito. Cada mudança em sua vida começa na cabeça, na sua própria cabeça. No entanto, há padrões de ritos que são comprovados e que lhe repasso com prazer. No caso de principiantes é importante manter-se fiel aos padrões. Mais tarde, você poderá variar e fazer as suas próprias experiências. A regra básica é esta: os ritos só podem ser realizados durante a lua crescente ou lua cheia, jamais na lua minguante.

Aqui lhe passo o rito clássico contra a solidão e a dor do amor. Vá a algum lugar ao ar livre levando consigo sálvia e erva-santa e construa um círculo de pedras, num diâmetro de aproximadamente 3 metros. Esfregue um pouquinho dessas ervas em algumas das pedras. Será dentro desse círculo que você colocará os seus amuletos, seus óleos e, se houver, uma foto da pessoa que você, até então inutilmente, está tentando conquistar, agradecendo a seu Deus ou a seus deuses por poder realizar essa cerimônia. E agora imagine, com muita concentração, que bem acima de você se ergue uma pirâmide. Com isso, você concentra suas energias, dirigindo-as ao alto. Tome duas das pedras em que esfregou as ervas, uma na mão direita e outra na esquerda, concentrando-se nas pessoas do seu convívio. Envie-lhes energia, abrace-as em pensamento, talvez até pedindo-lhes desculpas por algum desacerto. Isso é especialmente importante se já tiver havido um relacionamento amoroso com essa pessoa e você quiser reativar esse amor. Então mentalize nuvens cor-de-rosa, imagine-se acariciando essas nuvens e entrando nelas. Com isso, o rito estará concluído.

Dicas da arte de feitiçaria não são truques de charlatanismo ou armação. Não funcionam simplesmente como um apertar de botão. Todas elas estão orientadas a promover e a formar sua postura interior. Portanto, não fique impaciente se nem tudo funcionar no primeiro momento e do jeito que você imaginou. O *abracadabra* só existe nos contos de fada. É bem possível que você precise repetir um rito várias vezes até ele surtir efeito.

Na pior das hipóteses, pode acontecer que se apaixone por você alguém que não lhe interessa. Portanto, vamos logo tratar disso.

Alvo dos desejos... mas da pessoa errada

"Ninguém me ama. E quando finalmente alguém se interessa por mim, com certeza é a pessoa errada. Alguém com quem não quero ter nada mesmo. Que até me é antipático." Quantas vezes já ouvi essa queixa na minha atividade de aconselhamento. O ser humano nunca obtém o que deseja para si. Só aquilo que o destino lhe preparou. Ou será que não?

Qual o significado de ser cortejada por alguém que não me é simpático? Qual poderia ser a razão disso? Há um leque de respostas possíveis. Talvez você corresponda exatamente ao clichê sonhado pelo seu admirador, parecendo-se com a ex-esposa ou com a mãe dele, talvez ainda a irmã ou outra pessoa. Nem sempre o admirador está consciente disso. Se lhe perguntarem diretamente, poderia até negá-lo. Mas quantas vezes recém-apaixonados confessam um ao outro que se sentem como se já se conhecessem há muito tempo. Quem está apaixonado acha que finalmente atingiu seu alvo.

É uma pena que o amor dele não seja correspondido. Você, como alvo do apetite sexual do outro, não tem a menor idéia do que ele pode ter visto em você, nem terá a menor vontade de ocupar-se do assunto, já que simplesmente não sente simpatia por esse pretendente. Você estaria feliz se não precisasse ter nenhum contato com ele.

Acontece que agora você não tem escolha. Pelo menos, para se defender dos seus avanços amorosos. Isso às vezes pode ser muito cansativo, pois os apaixonados podem ser extremamente teimosos. Nesse caso, chega a ser amolação. O mesmo vale para admiradoras do sexo feminino, é claro.

Por que justo eu?

Reagir de forma adequada ao assédio amoroso de um admirador não desejado é uma das tarefas mais complicadas que existem. Afinal, a pessoa na verdade nem quer reagir, só ter paz e sossego. Então, será que podemos tratar o admirador indesejado com indelicadeza e até hostilidade? Vamos dizer-lhe na cara que não sentimos o mínimo de simpatia por ele e pronto? Não é tão simples assim, pois aqui se manifesta uma antiga psicologia do representante comercial: a conversa apenas estará começando, depois que o primeiro "não" tiver sido dito. E quanto mais a pessoa resistir, tanto mais forte se tornará no outro a suspeita de que você esteja apenas fazendo um jogo, para tornar-se mais interessante. As flechas de amor são brincalhonas. E fazer-se de rogada faz parte do jogo, ou não faz?

A longo prazo, você não poderá deixar de ocupar-se da mais importante de todas as perguntas: Por que logo eu?

Por que o Sr. Mayer, da contabilidade, cheio de espinhas, não dá em cima da minha colega, mas logo em cima de mim? O que é que me torna o objeto do seu desejo?

É urgente descobrir o porquê, direta ou indiretamente, de forma diplomática ou mesmo grosseira. Senão, você não terá a menor chance de enfrentar o problema ativa e sensatamente. Serão os seus olhos, o seu andar, seu penteado ou sorriso, sua maneira de telefonar ou o quê, afinal? Será que você tem semelhança com alguma pessoa com quem o admirador tenha tido um bom relacionamento? Isso costuma acontecer. Através de uma semelhança, certas projeções são evocadas. Você pode ter o nariz idêntico ao da mãe dele, o que faz com que ele conclua que há uma coincidência em outros pontos também. Mas você não vai descobrir isso sem um bocado de trabalho. Colegas e amigos dele precisam ser sondados a respeito, o que acabará virando um verdadeiro trabalho de detetive.

Uma dica que pode ser aplicada de modo geral seria: mude de aparência. Quem experimenta uma roupa nova ou um penteado diferente, muitas vezes já consegue escapar da zona de perigo. Puxa, que trabalheira só por causa de um admirador indesejado, você não acha? Mas acessos de raiva do tipo "Se me mandar flores outra vez, eu denuncio você!" ou "Mais uma carta, e vou falar com o gerente" não adiantam de nada. Só trazem desgosto para ambos os lados. Eventualmente esse desgosto pode até se tornar perigoso.

Por outro lado, você também pode encarar a admiração do outro como um elogio. Nesse caso, não importa a aparência dessa pessoa, nem o seu modo de falar ou seu cheiro.

Em primeiro lugar, trata-se de uma consideração que não deveria, sem mais nem menos, ser malvista ou desprezada.

Continua valendo a necessidade de descobrir a razão do "por que logo eu?" Só então você poderá agir, não antes. Antes você é apenas vítima, como muitos dos meus clientes.

Assédio amoroso — exemplos de minha prática com clientes

Há admiradores e admiradoras que não correspondem ao que desejaríamos. Às vezes, uma palavra sincera ou um fora incisivo já são suficientes para que nos vejamos livres do importuno. Mas há pessoas que se tornam cada vez mais empolgadas em sua paixão, que chegam a desenvolver traços que podem ser considerados psicopáticos. E não é só isso. Muitas vezes, admiradores frustrados e sem chance tornam-se bombas-relógio, trazendo grave perigo para si mesmos e para o alvo do seu desejo. Infelizmente, ouve-se e lê-se cada vez mais sobre casos assim. No meu consultório tampouco consigo ver-me livre disso. Muito pelo contrário, aumenta assustadoramente o número de apaixonados obstinados e até psicopatas.

Minha cliente Andrea C. teve de sofrer longos sete anos com o assédio por parte de uma admiradora lésbica, mesmo sem ter demonstrado nenhum interesse. Andrea já tinha parceiro e além disso não tinha a menor intenção de entrar numa aventura homossexual, pois era e continua sendo heterossexual. Isso parecia não desanimar Eva K., radicalmente decidida a conquistá-la e a ficar sempre à sua espreita. Causava terror entre amigos e conhecidos de Andrea, enviava cartas e inúmeras rosas vermelhas. Chegava a dormir na entrada da casa de Andrea, quando a saudade a enlouquecia. Tornou-se um perigo para as amigas de Andrea, pois Eva não admitia que nenhuma outra mulher chegasse perto da sua (tão loucamente) amada. Por vezes acontecia de Eva partir para agressões físicas e provocar briga com uma acompanhante de Andrea, num restaurante, na frente de todo mundo, além de muitos outros incidentes.

A sua adoração culminou numa ameaça: "Vou matar você e a mim para que nos encontremos no paraíso". Os ataques de Eva aumentaram, assumindo dia a dia sempre novas facetas, deixando Andrea totalmente abalada. Chegou a pensar que já não poderia viver nem trabalhar no seu país, que precisaria emigrar para reencontrar a paz. Foi uma ação judicial, baseada num boletim de ocorrência, que afinal trouxe sossego à sua vida. Mesmo assim, ela ainda continua tensa. Cada vez que o telefone toca e ninguém do outro lado se manifesta, ela logo pensa em Eva. E quando atravessa a rua ou vai às compras, olha para todos os lados, para se certificar de que Eva não está por perto. Andrea virou uma pilha de nervos.

Com Manuela K., o caso foi semelhante. Quando jovenzinha, tinha se apaixonado pelo DJ Klaus C., que idolatrava abertamente. Era a primeira a entrar na discoteca e a última a sair. Vivia observando o DJ, seguia-o até o toalete masculino, xingava outras visitantes da discoteca quando falavam com Klaus, mesmo se só quisessem pedir uma música. Quando a saudade se tornava insuportável, também ela dormia perto do seu adorado, agachada na entrada da casa dele. Mas nunca falava com ele, tampouco respondia às suas perguntas sobre o que queria dele. Klaus ficou totalmente irritado até que, contrariado e exausto, mudou-se para outra cidade.

Klaus fez carreira, ganhou um emprego como apresentador numa emissora de rádio. Por algum tempo, tudo correu bem. Até que um dia encontrou entre a correspondência que recebia de seus fãs uma carta de Manuela: "Agora você é um sucesso, e até posso ouvir você no rádio. Sua voz me pertence. E já descobri o seu endereço". Klaus ficou com receio e fez contato com o departamento de saúde do distrito a que Manuela pertencia. Manuela até hoje está em tratamento, internada na enfermaria de uma conhecida clínica psiquiátrica, na Bavária.

Também se encontra internada em uma clínica psiquiátrica da Bavária Werner B., ex-marido da esteticista Vera B., que se separou dele por causa de seu constante e insuportável ciúme, aliás infundado. Werner, querendo que sua esposa voltasse para ele, perseguia-a por toda parte, assediava-a, ora recriminando e xingando, ora pedindo e implorando, conforme o dia e a hora. Não deixava ninguém se aproximar dela, muito menos um outro homem. Vera só encontrou um pouco de paz quando denunciou o ex-marido e conseguiu que fosse internado, decisão essa muito difícil de ser tomada. Mas ele havia destruído o apartamento e arruinado todas as roupas dela com tinta spray para carro, até que Vera já não viu outra saída. Até hoje, ela continua uma pilha de nervos, apesar de essa história já ter acontecido há alguns anos.

Bernhard S. também demonstrou que sabia lidar com tinta spray para pintura de carros. Ele estava loucamente apaixonado pela assistente de direção artística Waltraud G. Ele a aterrorizava com chamadas no meio da noite e mandava-lhe cartas e flores quase diariamente. Corajosa, Waltraud queria exigir explicações desse admirador incômodo e nada simpático, e sempre o espreitava acompanhada de amigos bem robustos. Mas o seu admirador era mais rápido e cada vez mais criativo. Escreveu com spray "I love you" na parede de sua casa, desenhou pequenos corações com spray sobre o carro novo de Waltraud, colorindo o mundo dele.

Mas um dia ele passou da medida. Foi a um concerto de rock e levava consigo uma faca, escondida debaixo do sobretudo. Sabia que ela iria ao concerto, pois vivia espionando a moça. De repente, surgiu no meio do palco, com a faca em punho. Os músicos interromperam o concerto, estarrecidos. Bernhard declarou que se mataria ali mesmo se Waltraud não lhe desse ouvidos. Felizmente dois seguranças bem treinados conseguiram dominar o rapaz.

Casos extremos? Tudo exagero, histórias que não são a regra? Você ficaria admirado da freqüência com que isso acontece! Mas, na verdade, já o terror bem normal de um assédio amoroso é suficiente para transformar a vida das pessoas num inferno. Lucy C., por exemplo, recebe regularmente no seu celular mensagens de um admirador desconhecido, que também fica a espioná-la, indo em sua perseguição depois do trabalho, junto ao carro ou diante da casa dela. Ainda não se sabe como essa situação vai terminar, pois o caso é bem recente. Mas Lucy está com medo. E, a meu ver, com razão.

Uma admiração que surge sem ter sido estimulada apresenta muitas facetas, não apenas como nos casos difíceis que acabo de mencionar. São múltiplas as formas e as possibilidades de reação. Por isso é importante que você nunca se esqueça de uma coisa: a pressão sempre produz contrapressão, e medidas incomuns de um lado, sem dúvida, também acabam provocando medidas incomuns do outro lado. Por isso, é importante nunca usar um canhão para atirar em passarinhos e tomar cuidados para que os meios sejam proporcionais à finalidade. Antes de procurar a polícia, é preciso pensar muito bem.

Quanto a mim, confio nos recursos da arte de feitiçaria, que provaram ser eficientes.

Agir contra o assédio amoroso com receitas de feitiçaria

Para livrar-se de um admirador não amado pode ser suficiente, em casos menos graves, modificar o cheiro corporal. Como você sabe, simpatia e antipatia passam em grande parte pelo sentido do olfato, e é nessa área que podemos operar conscientemente.

Uma proteção geral contra qualquer perseguição é o óleo de Peppermint (menta). Basta aplicar algumas gotas atrás da orelha, na palma da mão e no pescoço, ou mesmo na água do banho diário, para que se tenha uma nova e forte aura com efeito de rejeição, também em casos isolados.

Algo parecido acontece com o óleo 7-African-Powers. Sete divindades africanas nos protegem de pessoas incômodas, inclusive de inimigos reais. A aplicação desse óleo é simples, parecida com a do óleo Peppermint.

Ainda há outros óleos Power que pertencem todos à área da magia cinzenta. Seu mago e sua feiticeira terão prazer em aconselhar você. É óbvio o raciocínio para o uso desses óleos: você está precisando de força. Uma vez que seu admirador encontrou prazer em exercer seu papel de perseguidor, você não terá mais sossego nem alegria. Isso acontecerá muito depressa, quando ele se der conta de que você está com medo. Portanto, adquira a força! Nunca se permita assumir o papel do coelhinho assustado, mas encare o seu perseguidor com coragem.

Siga um pequeno rito que você pode realizar com todos os óleos, sem problema. Diariamente, você acrescenta cinco gotas de óleo à água do banho, proferindo uma pequena reza ou fórmula, como queira. Eu costumo dizer o seguinte: "Agora tenho o poder sobre o meu próprio destino. E ninguém mais pode ter influência sobre ele, não importa de que maneira. Sou uma pessoa livre. Que os deuses me ajudem". Não se preocupe em usar a mesma fórmula; o importante é a convicção que você põe nas suas palavras. Como acontece com todas as rezas e fórmulas, as palavras fortalecem o subconsciente. Isso é o essencial.

Caso o assédio se torne cada vez mais pesado, use um rito que lembra um pouco um vodu. Desenhe uma figura humana sobre papelão ou madeira. Essa figura representa o seu perseguidor. Depois, ponha nove pregos "de molho" em óleo Power e deixe por nove dias, para que se encham de energia. A seguir, você vai fincar a cada dia um desses pregos na figura e, concluído o rito, jogá-la num rio, quanto mais violento e torrencial, melhor.

É extremamente importante que você, ao agir dessa forma, não desenvolva sentimentos de agressão contra o seu perseguidor. Sei como isso é difícil, porque ele já saturou a sua paciência. Mas quem emite agressividade, corre o risco de recebê-la de volta. Você deve pensar que se trata de um pobre-coitado, inconstante, desesperadamente à procura de um parceiro e que simplesmente exagerou na medida. E não deixa de ser verdade. Não se esqueça de pedir em suas rezas e fórmulas que o perseguidor encontre alguém com quem combine, pronta e normalmente, e que possa encontrar a paz nesse novo relacionamento.

Essa atitude é especialmente importante no próximo rito que costumo recomendar para casos mais difíceis. Trata-se de um rito de separação. Para realizá-lo, você vai precisar de óleo Black-Art, de duas velas em forma de figura humana, pretas ou marrons e — muito importante — ao menos um fio de cabelo da pessoa da qual quiser livrar-se, no futuro. Conseguir esse fio de cabelo não é fácil, ainda mais quando se trata de um perseguidor difuso. Mas você vai consegui-lo. As pessoas perdem centenas de fios de cabelo todos os dias, em toda parte. Então, coloque esse fio de cabelo num pequeno frasco com óleo Black-Art, tomando cuidado para que sua pele não entre em contato com o óleo. É altamente eficiente e pertence à área dos óleos cinzentos e negros. Seu efeito ainda não foi totalmente pesquisado.

Prepare um pequeno altar onde colocará as velas e o frasco. Ao redor deles, forme um círculo com pedras pretas, de preferência ônix. Ônix é a pedra da separação por excelência. Acenda sempre as velas, em rito solene, até estarem consumidas, concentrando-se em seu desejo. Depois de três meses, atire tudo num rio, inclusive os restos de vela.

Quem não estiver seguro de como se realiza um rito mágico pode consultar o meu livro *Weiße Magie, Schwarze Magie, Satanismus*, [Magia branca, magia negra, satanismo]. Nele, está tudo descrito nos mínimos detalhes. Eu tomo a liberdade de observar, mais uma vez, que de maneira alguma se trata de instruções para a realização de ritos que devem ser seguidas nos mínimos detalhes; o que mais importa é a força de concentração empregada nesses atos.

Quero reforçar o ponto mais importante deste capítulo, por causa da sua grande relevância. Quem amaldiçoar e maldisser o seu perseguidor, desejando que o diabo o carregue; quem assumir qualquer atitude agressiva em relação a essa pessoa, correrá o risco de que todos esses desejos maus e maldições se virem contra ele próprio. Portanto, cuidado!

Amor rejeitado

Hoje não é um dia maravilhoso? Bem, o tempo não está lá essas coisas, e a Receita Federal acaba de me mandar uma segunda intimação; o meu gato está com gripe, a vizinha me mandou uma carta enfurecida por causa do meu cachorro que — diz ela — outra vez ficou latindo a noite toda, mas o dia está simplesmente maravilhoso! É o melhor dia de todos, pois é hoje que eu vou *vê-la*! Finalmente! Estou numa expectativa enorme. Pus um pouco de perfume, caprichei na roupa, nos cabelos. E pensei muito bem no que vou dizer quando estiver com ela. Preparei algumas frases fantásticas que com certeza vão impressioná-la. Ensaiei a entonação, estudei o meu olhar no espelho e — puxa! Estou apaixonado. A vida não é um presente de Deus?

Quando estamos apaixonados, conforme o dito popular, vemos tudo cor-de-rosa. É como se estivéssemos pairando numa nuvem, ou algo "cor-de-rosa" nos acontece. Não é por acaso que rosa é a cor dos que amam.

O coração dispara, as mãos ficam úmidas no momento em que o amado aparece à nossa frente, nada resta daquele olhar bem estudado ao espelho, daquelas frases de efeito que decoramos. Xi, engasguei outra vez! Falei muito rápido ou muito devagar, ri muito alto ou baixinho demais. Além de tudo, pus a roupa errada e, pior, os sapatos errados. Céus, me ajudem! Estou apaixonado!

Se tudo correr como esperado, o outro vai reagir a meus sinais, mais cedo ou mais tarde corresponderá e vamos começar um namoro.

Mas na pior das catástrofes, depois de um curto período de flerte e cortejo, ficará claro que tudo foi em vão. O outro não quer saber de mim. Passei vergonha, estou tão infeliz que gostaria de morrer. A vida é um mar de lágrimas!

Qual seria a razão?

Quando o alvo dos meus anseios rudemente despreza todas as minhas tentativas de aproximação, isso pode ter muitas razões. No turbilhão das emoções fica difícil distinguir a principal delas. Já que nesse caso, o do amor desprezado, aspectos como constrangimento e orgulho ferido podem aflorar também, sempre é aconselhável trocar idéias com uma pessoa que não esteja diretamente envolvida. O melhor seria falar com um amigo ou uma amiga. Mas também é possível procurar um profissional da área, terapeuta ou conselheiro.

É importante que você confie plenamente nessa pessoa e que seja absolutamente sincero. Se mentir para o outro e para si mesmo, o caos e as feridas sofridas com a rejeição só aumentarão.

Quem não tiver ninguém com quem possa ou gostaria de se abrir, deve fazer uma lista para conferir e avaliar os possíveis motivos pelos quais o amor que você ofereceu à outra pessoa ou, melhor, o seu estado de paixão não é correspondido. Um processo desses é muito eficiente, se você anotar tudo. Assim, criará um distanciamento do seu problema e poderá enxergar com mais objetividade.

É possível que fatores externos sejam a causa? Pode ser que você tenha cabelo castanho e fique sabendo que o seu amado só aprecia as loiras. Se for assim, trate de esquecê-lo o quanto antes! Uma relação baseada em algo tão superficial não vale a pena.

Talvez o outro já esteja comprometido e não queira pôr em risco seu relacionamento. Nesse caso, poder-se-ia argumentar que no amor e na guerra vale tudo e que você faria bem em continuar tentando a sua sorte, pois se a relação já existente é firme, nada poderá acontecer; e, por outro lado, se não for estável, está na hora de acabar com ela, não é verdade? Mas também existe o ponto de vista de que relacionamentos e matrimônios já estabelecidos precisam ser respeitados, de modo que pessoas que vivem numa relação desse tipo viram tabu para qualquer paquera, flerte ou tentação. Você precisa decidir isso, de acordo com seus próprios parâmetros morais. Eu jamais tentaria fazer o papel de vigilante dos bons costumes e da moral.

Hoje em dia, o que acontece com cada vez maior freqüência é que o outro nem sequer deseja viver um relacionamento, não importa de que tipo. Ele ou ela tem o seu próprio projeto de vida, no qual não caberia uma vida a dois. Também pode ser que haja experiências negativas resultantes de relacionamentos anteriores e que impeçam o estabelecimento de uma relação nova. Nesse caso, você precisa proceder de maneira muito sutil, sem jamais "atropelar" o outro, sem tomá-lo de surpresa. E certamente não lhe adiantará de nada querer discutir esse assunto com ele.

Se os sinais emitidos numa paquera não obtêm reação, pode haver outra razão. À primeira vista, até pode parecer engraçado, quase uma ironia, mas no dia-a-dia ocorre com muito maior freqüência do que em geral se imagina. Pode até tornar-se algo trágico. Uma mulher "dá em cima" de um homem, cada vez mais e mais desesperadamente, até que, não importa de que maneira, a verdade vem à tona: o homem é homossexual. Muitas vezes são justamente os gays que, por sua inclinação especial, nem sequer sonham em tratar a mulher de forma machista. Podem ser especialmente compreensivos e galantes. Não é de admirar que, em amizades desse feitio, às vezes se acenda aquela faísca, se bem que unilateralmente. Aí as mulheres vêm à minha loja de feitiçaria, chorando e se lamentando, pedem ritos e algo mais para mudar esse homem, para "curá-lo", porque supõem que a homossexualidade seja uma doença. Eu só posso dar-lhes uma palestra curta e básica sobre inclinações homossexuais, e sempre fico admirada com a falta de conhecimento que algumas pessoas nos dias de hoje ainda têm sobre homossexualidade. Nesse caso, vale a regra: Esqueça! Um relacionamento desses não pode dar em nada, já que lidamos com uma condição biológica. E ainda será melhor manter uma boa amizade do que um amor infeliz, não acha?

A razão mais simples e mais comum para que avanços amorosos sejam rejeitados, é que os dois simplesmente não combinam, seja lá por que motivo for. São avaliações que ocorrem no subconsciente. Isso tem a ver com cheiro, maneira de andar, semelhanças com outras pessoas amadas, a voz, a linguagem corporal e muitos outros fatores. A soma de todos eles vai determinar se pode haver química entre duas pessoas. E não será porque você imagina que precisa fazer de tudo para persuadir e conquistar o outro que ele deve deixar de prestar atenção à sua voz interior. Na verdade, seria incrivelmente leviano da parte dele se desprezasse essa voz interior. Portanto, aceite a decisão dele, mesmo que não lhe agrade em nada.

O típico comportamento equivocado

Quem sofre uma rejeição, muitas vezes sente-se desprezado e ferido pessoalmente. Por isso, um erro clássico, que sempre se repete numa situação dessas, é dar o troco, ferindo o outro também. O que você fizer a mim, também farei a você. Na verdade, o outro nem tinha a intenção de machucar, somente se negou a aceitar uma oferta. E ele está no seu direito, não está?

O que foi ferido não é propriamente o amor, nem a simpatia, mas simples e egoisticamente o orgulho. Eu me esforcei pelo outro, entreguei e revelei algo de meu íntimo, e o outro não soube apreciá-lo. Que vá pro inferno, ora! Quem pensar assim, mais dia menos dia estará ele mesmo no inferno, pois quem achar que "estar apaixonado" é o mesmo que "querer ter", o mesmo que o impulso de possuir e ter vitória sobre um adversário, estará entrando num campo de batalha. E esse não é um lugar onde reinam harmonia, prazer e amor, mas aqui se estará tratando de conquistas, vitórias e derrotas. Examine cuidadosamente o que é importante para você, e tire suas próprias conclusões.

Quem, em caso de uma reação negativa do outro a manifestações apaixonadas, tentar conquistá-lo com empenho ainda maior, precisará agir com o máximo de cuidado. Será muito fácil passar do limite e chegar ao assédio amoroso. E, nesse caso, a chance de estragar tudo aumenta sempre mais. Num momento, você mesmo vai se tornar um dos estorvos que descrevi no segundo capítulo deste livro. Se isso ocorrer, você estará definitivamente fora do páreo.

Se sua motivação for egoísmo, este pode se transformar, na pior das hipóteses, numa doença perigosa: "Já que eu não posso tê-la para mim, nenhum outro a terá!" Quantas vezes já ouvi algo assim no meu consultório, até de pessoas que, à primeira vista, pareciam sensatas e cultas! De repente, transformam-se em feras.

Também é possível dirigir essa força violenta e negativa contra si mesmo, caindo na tristeza, no desespero, em depressão profunda e mesmo em tentativa de suicídio. Este último visa, muitas vezes, provocar no amado objeto de desejo sentimentos de culpa, no sentido de que, afinal de contas, tenha sido culpa dele que tudo tenha acabado nesse drama.

Quem sabe, ela até pense melhor e se decida a favor de você. "E se não morreram, continuam felizes até o dia de hoje."* Que grande disparate! Mesmo que tal tentativa de chantagem desse certo, o novo relacionamento duraria um mínimo de tempo, pois jamais estaria baseado em amor, mas apenas em compaixão. E esse é certamente o pior aglutinante para unir duas pessoas. Nada se desgasta com maior rapidez do que o sentimento de pena. Logo a tentativa de chantagem ficará evidente e a pessoa chantageada lançará esse argumento no rosto de quem chantageou, e com razão.

Tudo isso parece muito plausível e lógico, eu sei, pelo menos para aqueles que não estão sofrendo por causa de um amor infeliz. Mas quem está apaixonado sem ser correspondido muitas vezes reage cegado pela dor e acaba cometendo as maiores bobagens. Por isso recomendei antes que procure alguém com quem se abrir, uma pessoa que tenha coragem de lhe dizer a verdade, por mais dolorosa que seja. Quatro olhos enxergam mais do que dois, ainda mais porque, nesse momento, os seus estão bastante anuviados para enxergar claramente.

Portanto, você de fato não tem outra opção a não ser aceitar a realidade como ela se apresenta. Quem mesmo assim não quiser ou não conseguir desistir, mas continua querendo fazer uma tentativa de conquistar o objeto de seu desejo, poderá servir-se discretamente(!) de alguns pequenos recursos da caixa mágica de feitiçaria. Talvez valha a pena tentá-lo, mas somente se as reações do outro não tiverem sido hostis e ainda tiverem deixado alguma margem de esperança.

Como apoiar a reação?

Vamos supor que nem tudo esteja perdido, que a sua aproximação amorosa ainda tenha alguma chance, e que isso seja sentido

---

* Final invariável dos contos de fada alemães, coletados pelos irmãos Grimm.

não só por você, mas também e principalmente pela pessoa com quem você está se aconselhando. Digamos que ainda não tenha havido cenas desagradáveis e constrangedoras; que a pessoa pela qual você está apaixonado não se sinta pressionada nem assediada; que apenas não se deu conta ainda de que você está interessado nela; ou que ainda não tem certeza de que está sendo cortejada e prefere analisar melhor a situação.

A primeira regra, a mais importante, é ter paciência, paciência acima de tudo! Devagar se vai ao longe. O pior que pode acontecer é que a pessoa adorada se sinta tomada "de assalto". São especialmente os homens que gostam de sentir-se no comando da situação; parece que a noção de valor que têm de si exige isso deles. Muitas vezes, têm medo de mulheres demasiadamente ativas. É triste, mas é a verdade. Discutir sobre emancipação feminina, nesses casos, tem o mesmo efeito de querer convencer o Papa da não existência da Santíssima Virgem Maria.

Se as primeiras flechas de amor lançadas não deram em nada, é importante que você desista desse recurso e procure criar um clima geral de intimidade, ou seja, aprofundar o conhecimento mútuo, construindo uma espécie de proximidade, talvez até de amizade.

Para dar suporte e aumentar a base da simpatia, você poderá utilizar alguns pequenos recursos. Nós, feiticeiras, gostamos de nos servir nesses casos de óleos passados no corpo ou acrescentados à água de banho, da forma como já descrevi.

Justamente nesse caso bem específico é importante lidar com esses óleos com a maior discrição possível, usando apenas o mínimo. Pois se a pessoa amada perceber um cheiro novo e penetrante, sua reação será, outra vez, de rejeição.

Para o cortejo, recomendam-se as seguintes misturas de óleos: Come-to-me, Jezabel, Love-me, Attraction e Magic. É bem possível misturá-los entre si e adaptar as fragrâncias às próprias preferências olfativas. Mas você não deveria fazê-lo por conta própria, mas consultar uma feiticeira ou um mago. Descubra com toda a tranqüilidade o que lhe faz bem. A composição personalizada deve agradar em primeiro lugar e especialmente a você mesmo. Dessa maneira, você vai ter mais autoconfiança e sentir-se mais forte.

No entanto, se você ficou sabendo que a pessoa que você ama tem determinadas preferências de cheiro, conscientes ou inconscientes, você poderá considerá-las nessa escolha. E se acaso você souber que ele ou ela sente alergia ao perfume de rosas, por exemplo, certamente deverá evitar esse ingrediente ao compor a sua própria fragrância na mistura de óleos.

Também se podem realizar pequenos ritos com velas e óleos. Você passa o óleo numa vela cor-de-rosa, para cima e para baixo, a partir do meio da vela. Isso a ajudará a concentrar-se e a focalizar o seu objetivo.

A energia mais poderosa que temos é a energia do amor. Ervas, velas e óleos podem ser úteis para aumentar ainda mais essa energia. Porém, é mais do que perigoso, em especial para você mesmo, usar essa energia motivada pelo egoísmo. Portanto, suas rezas e fórmulas jamais poderão ser do tipo: "Eu preciso tê-la, custe o que custar!" Em vez disso, deveriam ser algo assim: "Ela que se decida por mim por sua livre vontade. Respeito-a como pessoa livre, com vontade própria." E se nada mais adiantar, é necessário ter a grandeza de deixar o outro seguir o seu caminho, com os melhores votos e agradecimentos por tudo, mesmo se não passaram de lindos sonhos.

Júlia B., uma brasileira atraente e chique, cliente minha, simplesmente não queria aceitar que o homem que ela idolatrava só via nela uma boa companheira e nada mais. Ela chegou a usar todo tipo de óleos latino-americanos e a realizar ritos, mas com isso só acabou espantando o homem de vez. A coisa não foi além de excursões, visitas a restaurantes e um cineminha, até que Júlia desistiu, enervada. Acabaram se separando, então, com o propósito de permanecerem "bons amigos". Não sei se isso funcionou. Ser "apenas amigos", de qualquer forma, é um dos exercícios mais difíceis que há. Mas voltarei a esse tema adiante.

Simone L., do norte da Alemanha, foi bem-sucedida, apesar de uma fase difícil em sua vida amorosa. Seu namorado, com quem já estava há mais de um ano, deixou-a, juntando-se à melhor amiga dela. Portanto, foram duas perdas de uma só vez! Pelo menos foi o que pareceu por um tempo. Até que Simone se apaixonou de novo. Depois de pouco tempo e algumas brigas, reconciliou-se com sua amiga e também com o seu ex. Até o novo namorado acha os dois simpáticos. Portanto, um final feliz a quatro, um caso de sorte. Tudo aconteceu por causa de óleos usados com jeito e no momento certo.

Da amizade ao relacionamento amoroso, e vice-versa

Às vezes acontece que velhos amigos de repente se vêem jogados em uma situação nova, seja por constelações estelares, que podem ter sua parcela de responsabilidade, seja por circunstâncias concretas da vida. Pode até acontecer por "somente" estarem juntos como amigos, talvez desde os tempos do jardim-de-infância, o que criou um clima de proximidade e intimidade. De repente, acontece! Um dos amigos enamora-se do outro e, na melhor das hipóteses, a paixão é correspondida.

De fato, uma amizade é a melhor base para uma relação. Isso vale como princípio. Mas também vale que, a partir daquele momento em que se der o "estalo" e tudo mudar por completo, o relacionamento entre duas pessoas precisará ser redefinido. Somente de forma muito limitada poderá ser construído sobre a antiga intimidade, pois, como casal, os dois estarão entrando juntos num terreno desconhecido. Encontram-se outra vez em situação de principiantes. Portanto, estarão expostos a inúmeros perigos. Enquanto antes sabiam exatamente até que ponto queriam e podiam chegar como amigos, agora começam uma nova fase da vida. Ingressam num mundo em que fatores como querer possuir, sentir ciúmes, às vezes irritar-se mutuamente e muita coisa mais começam a ter importância. São fatores que até então os dois nunca tinham experimentado. Freqüentemente, esse tipo de relacionamento fracassa, e a amizade anterior se transforma em ódio. Na verdade, não dá para entender, mas é o que acontece com freqüência.

Portanto, recomendo com certa insistência a esses casais que pratiquem juntos a meditação, combinada com banhos relaxantes a dois, com água de valeriana e sálvia. Seria bom que os parceiros ficassem sentados um diante do outro, simplesmente se olhando, concentrando-se um no outro, com as melhores intenções e projeções, sempre para o outro, jamais para si mesmo, e que peçam a força para poderem dar conta da nova situação. Trata-se de uma situação que pode mexer muito com as pessoas.

No relacionamento entre bons ex-amigos, infelizmente há tantas pedras de tropeço que a relação não pode funcionar a longo prazo sem haver atrito. Pelo menos, é essa a experiência que tenho. Portanto, consigo compreender os que preferem não ousar dar determinado passo para além da amizade.

Por outro lado, a amizade entre dois ex-(namorados) deveria ser possível, ao menos entre pessoas sensatas. Afinal de contas, eles já se amaram antes. Então, o que poderia impedir a amizade? A condição para haver amizade é que, em caso de separação, haja um comportamento decente, justo e respeitoso, que um seja atencioso com o outro, sem nunca machucá-lo intencionalmente. A própria separação, geralmente por iniciativa de um dos parceiros, já significa um grande sofrimento; portanto, não há razão para aumentar a ferida.

Nunca existe um só culpado pela separação, se é que se poderia usar a palavra "culpa" num caso desses.

A separação, seja de uma fantasia ou de uma projeção de paixão ou então de um parceiro real, sempre é algo difícil e complicado. Muitas vezes a perda de um sonho, o fato de não ter sido aceito pelo outro, pode causar dor muito maior do que uma separação real que, às vezes, pode ser considerada um alívio ou uma libertação.

Em ambos os casos, porém, os afetados atravessaram uma fase difícil de vida. Não importa que tenha sido paixão não correspondida, paixão louca ou súbita que inesperadamente faz voltar à realidade da solidão. Seguirá uma fase de relaxamento, de recuperação, em cujo processo receitas de feiticeira poderão ser de grande ajuda.

Receitas de feiticeira para recuperar-se de um amor rejeitado

Quem se apaixonou perdida e loucamente por alguém e tentou de tudo para conquistar essa pessoa, sem ter êxito, em algum momento deverá se sentir totalmente exausto. Isso tem a ver com o fato de que, em fases de paixão, o metabolismo apresenta uma combustão muito mais rápida e a pessoa vive num outro mundo, até em um mundo ilusório, em que já se imaginava convivendo com a outra pessoa. Não é à toa que muita gente perde peso nessa fase. Nesse estado "cor-de-rosa", muitos nem sequer se dão conta do enorme consumo de energias, de tão empolgados que estão. Assemelham-se a um esportista que mal percebe o grande esforço que emprega no exercício de seu esporte, que sente ter asas, e só no dia seguinte nota que passou das medidas e sofre de dores musculares ou até de alguma lesão. Esse é outro exemplo típico de como a força do espírito pode vencer o corpo.

Para aquele que tiver feito um esforço em vão para conquistar outra pessoa, um outro fator importante se soma a essa experiência: a vergonha de ter falhado. E não estou me referindo à "batalha" perdida, que talvez tenha sido presenciada ainda por uma terceira pessoa, mas à vergonha que se passa perante si mesmo: eu me propus uma meta, mas não a alcancei. Pelo contrário, fracassei. Não valho nada; ninguém me ama.

Um sentimento parecido, senão igual, surge depois de um relacionamento que não deu certo. Em ambos os casos, a pessoa que sofre uma frustração amorosa chega ao ponto em que reconhece que nada mais funciona, que perdeu. Exaustão, decepção e sentimentos de fracasso se mesclam, produzindo na alma uma mistura arrasadora.

É claro que a antiga regra de jogo chauvinista, de que o melhor remédio para curar-se de um amor perdido é um novo amor, não funciona. Quem logo se atira num relacionamento novo, para distrair-se ou querendo vingar-se, de maneira difusa, sem ter trabalhado e superado o amor anterior, frustrado ou acabado, só faz adiar o processo, pois não é assim que funciona: o problema vai voltar em algum momento, como um bumerangue perigoso, e vai exigir um trabalho de luto. Para não falar que, com um comportamento desses, uma terceira pessoa — no caso, o novo parceiro — é envolvida na história e ferida desnecessariamente. E isso vai criar novos problemas.

Portanto, é muito importante que após uma paixão não correspondida ou depois do fim de uma relação se faça uma pausa para refletir e para recuperar-se. Entendo por pausa um momento ativo, um intervalo, dedicado ao trabalho consigo mesmo, recomendável e necessário.

Nesse processo, detalhes externos podem ajudar muito. São detalhes que nada têm a ver com a sabedoria de feiticeira, mas que provaram ser úteis. Nada mau mudar de penteado, comprar roupas novas, fazer novos contatos, novas amizades e atividades em geral.

Acaso você não sonhava aprender a jogar tênis? Ou já não se propôs, há muito tempo, ser militante num grupo de proteção ambiental? Chegou o momento para isso. O pior que você pode fazer agora é esconder-se. Aí, sim, vai entregar-se à autocompaixão e correr o risco de cair em depressão.

Outra medida é realizar mudanças no ambiente em que você vive. Se você estava morando com seu parceiro, é recomendável que agora retire tudo que a faça lembrar-se dele. Guarde esses objetos na casa de uma amiga e deixe para desenterrá-los mais tarde, quando já se sentir em condições de encarar o assunto com distância e serenidade.

É hora de reorganizar radicalmente sua casa. Nova distribuição de espaços, quadros novos, cortinas novas, talvez até papel de parede novo. Ou, pelo menos, pendure os quadros antigos em outros lugares e mude a posição dos móveis. Com isso, você estará dando sinais à sua alma de que está começando um novo período em sua vida e que você o aceita plenamente.

É natural e compreensível que haja recaídas ao vale de lágrimas. Mas o tempo de luto não deve estender-se demais; a tristeza precisa diminuir, pouco a pouco, senão você estará cometendo algum erro.

A princípio, uma pequena defumação com sálvia e alecrim é algo muito bom. Assim você expulsa de seu espaço familiar as energias negativas. Faça essa defumação uma vez por semana. Não estava mesmo na hora de fazer uma limpeza geral na casa? Então, prepare um extrato de Yellow Dog, uma casca de árvore que você encontra nas lojas de artigos de feitiçaria, e acrescente-o à água com que vai limpar a casa. Consulte a sua feiticeira ou o seu mago sobre a quantidade indicada para o tamanho de sua casa.

Também são benéficos os banhos de recuperação ou meditação com sálvia, tomilho, manjerona e alecrim. O banho deve ser precedido de uma limpeza com leite de coco. Durante esse ato, pense no seu *ex* — ou no seu amor impossível, deixe-o ir em paz, sem lançar-lhe pensamentos maus. Imagine-se dizendo-lhe "Tchau, até mais!" como se estivesse saindo para as compras. Pode ser que algum dia vocês se encontrem outra vez, talvez sob circunstâncias mais positivas, e que então possa surgir uma amizade.

Se, no entanto, você perceber que esses banhos de meditação ou até a lembrança do seu "ex" ou daquele amor inalcançável não lhe fazem bem, se você sentir mais dor do que benefício, então termine imediatamente esse rito e tente algo diferente, por exemplo, com óleos. Podem ser óleos que você passa da maneira costumeira e bem dosada diretamente sobre o corpo. Recomendo para isso as misturas de óleo Healing, Forget-Me e Peace. A aplicação regular lhe trará equilíbrio e distância, tenho certeza absoluta disso.

Você também pode usar as plantas medicinais centrais para esses casos, junto ao corpo. Costure uma bolsinha de tecido, que pode estar toda costurada ou trazer um fio para puxar e fechá-la, não importa. A cor do tecido, sim, é importante, pois tem de ser azul. O azul tem efeito calmante e ao mesmo tempo refresca o espírito. Essa bolsinha deve ser usada ao redor do pescoço, na altura do peito. Pode-se colocá-la também ao lado ou debaixo do travesseiro. Você aumentará ainda mais o efeito das ervas se colocar sete gotas de óleo de tangerina ou Forget-Me sobre a bolsinha, a cada semana.

Como sempre, em todas essas atividades, já na fase preparatória, é importante a força de espírito que você investe nisso. Portanto, cuidado para não sentir raiva ao realizar banhos, aplicação de óleos ou mesmo ritos.

Um rito muito eficaz é o seguinte: você constrói um pequeno altar com duas velas marrons na forma de figuras humanas. Uma dessas velas simboliza você, e a outra, o objeto perdido ou jamais alcançado de seu amor. Ao redor das velas, arranje um pequeno círculo de pedras pretas com algumas gotas de óleo Peace. Se preferir passe óleo Peace ou Forget-Me também nas velas, para cima e para baixo, sempre a partir do meio. Se você tiver fotos do seu ex ou daquele amor impossível, coloque-as todas dentro do círculo e com uma pequena reza despeça-se dele. A reza poderia ter o seguinte teor: "Agradeço-lhe por tudo de bom que pudemos viver juntos. Talvez só possamos enxergar daqui a uns dois anos de forma realista porque não pudemos continuar juntos. Mas deixo você sair em paz da minha vida. E se eu tiver dito ou pensado algo de ruim, foi somente pela dor da separação, não foi por má intenção. Peço o seu perdão por isso. E agora, que você tenha muita sorte e felicidade nos seus caminhos daqui para a frente!". Poderia dizer também: "Que pena que nossa história não deu certo. Mas aceito a sua decisão, porque quero que você seja feliz como pessoa livre. Apesar de tudo, agradeço por ter conhecido você. Que você continue o seu caminho em paz e encontre alguém que o faça feliz". Não é importante reproduzir essas fórmulas literalmente. Suas próprias palavras muitas vezes poderão expressar e manifestar bem melhor a sua atitude espiritual.

Se houver algo por perto que a faça lembrar-se dolorosamente da pessoa amada, ponha-o também dentro do círculo. Talvez um ursinho de pelúcia ou uma jóia? Depois que as velas se queimarem por completo, você vai embalar tudo num tecido azul ou numa caixa azul, incluindo os restos de vela, e enterrar tudo debaixo de uma árvore. Não se esqueça de acrescentar sete gotas de óleo Forget-Me ao tecido ou à caixa. Então, você estará livre.

Pouco a pouco, o efeito da recuperação começa a se manifestar. Ao perceber que pensar nessa história já não dói mais, você pode começar a procurar um novo parceiro. Mas com certeza somente depois disso.

Se você notar que não conseguiu avançar em todos os pontos comentados até aqui, apesar dos maiores esforços e apesar de seguir rigorosamente meus conselhos, e se as dores de coração ainda não diminuíram, vamos trabalhar com armas mais poderosas. Vamos ocupar-nos do vodu, ou seja, do vodu nativo de Nova Orleans, como é praticado dentro e ao redor da cidade, um vodu especialmente indicado para casos como esse.

Receitas do vodu de Nova Orleans contra problemas de amor

Depois de termos tratado no capítulo anterior sobre como comportar-se em caso de uma separação iminente, quero começar este capítulo com um lado mais agradável do amor, ou seja, com a fase da "aproximação inicial", da paquera. Sabidamente, essa fase nem sempre é tão simples e tão leve quanto possa parecer.

Se você já tentou de tudo, passou no corpo ou pôs no seu banho todo tipo de óleos, realizou ritos com velas cor-de-rosa e muita coisa mais e nada disso produziu efeito positivo, a sua aproximação não teve êxito.

Uma das armas mais poderosas — não gosto dessa palavra, mas funciona aqui — quando se trata de problemas amorosos é a arte do vodu. É claro que ao ouvir a palavra vodu, uma pessoa comum automaticamente pensa em sacerdotes sinistros que espetam agulhas muito afiadas em bonequinhas com a malvada intenção de prejudicar alguém. Isso até já pode ter acontecido, mas certamente é uma exceção. Literalmente, a palavra "vodu" nada mais significa do que "Deus" ou "Espírito", mas também "bem", e precisa em primeiro lugar ser interpretada de forma positiva ou pelo menos livre de preconceitos. Como no caso do vodu, sem sombra de dúvida, manipula-se e interfere-se no destino de outra pessoa, portanto, como o fator *poder* está envolvido, trata-se de magia cinza que, dependendo do caso, pode ser inteiramente branca. Em outros casos, inteiramente negra, justamente quando se quer prejudicar alguém. Divulgarei receitas de vodu negro apenas sob certas condições, a fim de que não se faça mau uso delas.

O vodu surgiu em tempos primitivos, mas desenvolveu-se especialmente na época do comércio de escravos, no oeste da África, mais ou menos entre Serra Leoa e a República de Gana. De lá, foi exportado com os escravos para o mundo todo. Certas variações se desenvolveram então, pois o voduísmo sempre absorveu tudo que encontrava de herança cultural individual, e até se arranjou com os santos do cristianismo. Mas a modificação natural de certos ritos e amuletos também tem a ver com os recursos disponíveis, variando de país para país. Nem sempre se encontrava aquela planta ou aquele óleo previsto para o rito original. Assim, surgiram muitas formas mistas e variações do vodu. Uma das formas mais conhecidas é o vodu de Nova Orleans, trazido pelos escravos africanos ao delta do Mississipi.

Se apresento o vodu de Nova Orleans não é só porque me afeiçoei à região e tenho amigos por lá, mas porque essa variação é considerada uma das mais eficazes, inclusive pela minha experiência. Até hoje não tive um contato tão estreito com outras variações, como a macumba (da América Latina, principalmente o Brasil), Ioruba e Santeria (do Caribe, principalmente Cuba).

Mas vamos à parte prática. Entrar no assunto é algo inofensivo e gostoso, pois vamos assar um *bolo do amor*. Como você já sabe por meu livro anterior, o alimento que se come faz a diferença. Também sabe que é bem possível alcançar resultados mágicos por meio de comidas e especiarias e temperos. No caso do bolo do amor, você não precisa fazer nada além de assar o seu bolo predileto. Ou melhor ainda, o bolo predileto da pessoa que você ama. Você poderá usar a receita de um livro, de sua mãe ou até de uma amiga, desde que você mesmo prepare o bolo, pois você sempre estará pensando na pessoa amada, enquanto prepara e assa o bolo, injetando nessa delícia uma grande quantidade de energia. As mulheres tratarão de conseguir Pink-Love-Powder e porão uma pitada na massa quase pronta do bolo. Os homens se servirão de Love-Powder branco. Não se esqueçam da velha regra básica: menos é mais. Não se trata de sentir o gosto do pó, pelo contrário, isso até seria prejudicial. Depois, o bolo é assado e comido na companhia da pessoa. Você pode apostar que num espaço mínimo de tempo a conversa vai abordar o assunto de um relacionamento estável, ou até de casamento. Não sei por que é assim, mas sei que funciona.

Se você tiver encontrado alguém e ainda tiver lá suas dúvidas se é a pessoa certa ou não, o talismã poderá lhe dar uma forcinha. Vamos chamá-lo de *talismã para reconhecimento do outro*. Em vez de "reconhecer", você também pode dizer "perceber as suas intenções" ou, se lhe parecer um ato falho demais, "descobrir as artimanhas" do outro. Nosso talismã tem o seguinte aspecto:

Essa cara sorridente estilizada simboliza Ezili-Freda, uma deusa, rainha da beleza no vodu. Ela traz felicidade e fertilidade. Borde essa figura com seda preta sobre um pedacinho de tecido amarelo, ou mande gravar a figura sobre uma jóia. É sempre importante que você participe ativamente do processo de confecção do talismã, pois nesse momento mobiliza energias poderosas. O talismã é usado diretamente junto ao corpo, desde o nascer até o pôr-do-sol. Ninguém além de você poderá vê-lo e, muito menos, tocá-lo, senão o encanto se romperá. Ezili-Freda exige uma oferenda, como aliás todos os deuses do vodu. O voduísmo é uma religião de sacrifícios. Sacrifique-lhe algumas gotas de perfume ou óleo de sua preferência, ou um copo de água com cheiro de fruta ou de amêndoa.

As oferendas nas religiões vodu não são de muita cerimônia. Geralmente é algo que acontece natural, quase secundariamente. Os iorubas, em Cuba, por exemplo, simplesmente derramam no chão o primeiro gole de uma garrafa de rum que acabam de abrir. Isso é para os deuses. Ou então deixam expostos copos com rum, que vai se evaporando. Naturalmente, não se incluem aqui atos de sacrifício no contexto de grandes ritos. Esses são celebrados explicitamente, seguindo passo por passo. Você, porém, pode espalhar de vez em quando um pouco de perfume ou água contendo suco de fruta sem qualquer cerimônia. Um efeito secundário bastante agradável é que o ar de sua moradia ficará melhor. Nada mau.

Outro rito de vodu de Nova Orleans pode apoiar você em sua busca por um parceiro. Sempre o recomendo se todos os outros recursos não tiveram resultado. Vamos chamá-lo então de *rito para encontrar um parceiro*. O centro desse rito é um talismã que de preferência será confeccionado por você mesmo. Veja a ilustração:

Este é o amuleto da deusa do amor de Nova Orleans, de nome Loa ou também Lisa. Duas cobras formam um círculo que simboliza a lua. Sobre um pedaço de seda amarela, deve-se bordá-lo com fio prateado ou mandar gravar numa jóia. O melhor efeito desse amuleto se dá à noite ou durante a lua cheia. O rito ligado ao amuleto também deve ser realizado no mesmo período. Escreva num pedaço de papel pergaminho o nome da pessoa amada e coloque sobre ele uma vela de amor, cor-de-rosa. Esse nome deve ser escrito com tinta de "sangue de pomba". Trata-se de uma mistura de plantas, já preparada, à venda em qualquer loja de artigos de feitiçaria. Fique bem claro que nenhuma pomba morreu sacrificada para isso! Passe óleo Luv-Luv na vela, com um pouco de pó Come-to-me e óleo Vênus. Acenda a vela, enquanto se concentra no objeto de sua paixão ou desejo sexual. Espere até que a cera derretida tenha coberto o nome por completo. Depois disso, apague a chama entre os dedos ou cobrindo-a com um copo (não se deve assoprá-la jamais). Repita esse rito por 15 dias, sem interrupção. Caso contrário, é preciso começar tudo outra vez. Enquanto esse rito de 15 dias durar, recomenda-se tomar um banho a cada manhã, acrescentando à água 3 gotas de óleo Luv-Luv. Durante o banho, é bom concentrar-se inteiramente na pessoa amada, não importa se você a conhece de verdade ou se ela existe somente na sua imaginação. 15 minutos de banho por dia são suficientes. Depois disso, passe um mínimo de pó Come-to-me na nuca e no peito. Use como perfume três gotas de óleo Venus a cada dia, nada mais que isso! Se quiser, pode usar sobre a roupa, também. Durante o rito, nunca se esqueça de Loa ou Lisa, nossa deusa vodu do amor, pois é ela que ajudará o feitiço, a qual também exige um sacrifício. Das mulheres, quer sangue. Não se assustem, queridas irmãs, não é preciso matar nenhuma galinha e nenhum *hamster*. O sangue menstrual também serve como oferenda. Colete um pouco e ponha-o fora de casa, para Lisa. Algumas gotas são suficientes. Dos homens, Lisa exige esperma. Estou certa de que todos os homens sabem como coletar um pouco de esperma dentro de um vidro. Tanto mulheres como homens deveriam preparar essa oferenda junto com uma pequena reza, mais ou menos do seguinte teor: "Aqui está minha oferenda para você. Quero pedir-lhe que me apóie na procura de meu parceiro. Sozinho, já não consigo continuar". Você verá com que rapidez esse rito vai funcionar. Esse é o vodu de Nova Orleans, e jamais alguém vai conseguir entender quanta força primordial foi trazida da África Ocidental ao Mississipi. Nós, feiticeiras, não costumamos questionar "por quê"; deixamos isso para os cientistas. Mas temos receitas à mão que podem ser recomendadas por causa de sua alta taxa de êxito. Não admira que em países onde existem vodu ou formas parecidas com o vodu as pessoas prefiram consultar um sacerdote a ir a um médico, pois muitas vezes se conseguiu e ainda se consegue bem mais pela contemplação complexa do paciente, do seu corpo, do seu espírito e da sua alma, do que pelo mero tratamento dos seus sintomas superficiais.

No capítulo anterior, nosso tema foram as dores causadas pelo amor. Concluímos que quando nada mais funciona é necessária a separação, ou de um parceiro idealizado ou de alguém real com quem já havíamos tido um relacionamento de longa data. Ou então, separamo-nos de alguém que nos assedia e nos incomoda, tentando constantes avanços apesar de nossa recusa. O dispêndio de energia necessária, no caso de uma separação, é sempre o mesmo. Não faz diferença se é um ex-parceiro, ou uma pessoa idolatrada, um amor infelizmente impossível, ou um tremendo chato. Portanto, aqui vai um *rito de separação*, para casos obstinados:

Este rito baseia-se numa defumação e também tem sua origem na caixinha mágica do vodu de Nova Orleans. A defumação é o centro de todo o rito. Precisa ser realizada passo por passo, e tendo constantemente no pensamento a pessoa que queremos ou precisamos deixar, ou que deve parar de nos incomodar e assediar.

Para a defumação, você precisa de uma chaleira pequena ou de um prato fundo, ambos naturalmente à prova de fogo. Encha-o com os seguintes ingredientes: 4 colherinhas de chá de incenso, 1 de alecrim, 6 de lavanda, 2 de mirra, 4 de Oris Powder, 1 de patchuli, 6 de sândalo, 1 de canela moída e meia colher de chá de sal. Misture tudo muito bem, concentrando-se plenamente na pessoa em questão. Feito isso, ainda podem-se acrescentar umas gotas de óleo Dragons-Blood (sangue de dragão), uma mistura que você consegue em qualquer loja do ramo de feitiços.

A seguir, construa um pequeno altar sobre uma mesinha ou, na falta desta, sobre uma caixa. Fica a seu critério organizar esse altar de forma significativa, com toalhas bonitas ou outra decoração. É questão de gosto pessoal. Vamos colocar sobre esse altar a chaleira com a mistura para a defumação, além de um Lode Stone, ou seja, uma pedra magnética, e um pedaço de pergaminho com o nome do candidato à separação, inscrito com tinta de "sangue de pomba" (uma mistura de ervas mencionada anteriormente). Desenhe um círculo ao redor de tudo. A defumação deve durar três dias seguidos. Você verá como cheira bem! Só pode ser feita à meia-noite, durante a lua nova. Observe os cuidados para prevenir um incêndio e vá deitar-se, enquanto a defumação prossegue. Ao final, recolha um pouco dos restos dessa defumação num saquinho, feche-o com uma costura e ponha-o à frente da porta da casa de seu "ex" ou da pessoa que infelizmente você nunca conquistou, ou então daquela pessoa que o assedia. O saquinho precisa estar bem fechado. Faça-o entoando uma pequena reza, dirigida a quem for. A oração pode ser algo como: "Por favor, siga em paz o caminho de sua vida, encontre alguém que combina com você e que não sou eu".

O vodu é uma religião de sacrifícios, como eu já disse. Nesse caso, estamos sacrificando algumas gotas de nosso perfume ou óleo predileto ao deus do fogo, Changô, o deus supremo dos iorubas. O melhor é gotejá-lo no solo, de preferência num prado localizado numa clareira de bosque. Desde que você execute todas essas instruções conscienciosamente, dentro de pouco tempo se sentirá aliviado e liberado, isso posso lhe garantir!

Em meus outros livros já mencionei por várias vezes e quero voltar a fazê-lo com clareza, justamente no contexto dos ritos de vodu intensamente emocionais e energeticamente valiosos: ritos de todo tipo e quaisquer ações mágicas que transcendem o uso de um óleo ou de um talismã podem ser realizados somente por pessoas que estão psiquicamente em harmonia consigo mesmas e com o seu ambiente. Pessoas com problemas psíquicos tais como depressão, fobias, neuroses, vícios etc. precisam passar primeiro por um tratamento terapêutico antes de poder abrir a porta à magia. Se não fizerem isso, correrão o risco de que os seus problemas se tornem ainda mais graves. As forças mágicas não podem ser desenvolvidas corretamente nem dirigidas sensatamente se houver algum distúrbio psíquico.

Paixão nova, sexo maravilhoso!

Uma das experiências mais belas, mais importantes e ao mesmo tempo mais loucas na vida de cada um de nós é estar apaixonado e ser correspondido nessa paixão. A dois, vemos o mundo cor-de-rosa e maravilhoso. Todo o resto não tem mais importância. Estar apaixonado sem restrições nem freios é uma das últimas aventuras de nosso tempo. E deveríamos gozar e desfrutar dessa aventura.

É claro que continua valendo o provérbio de que o amor é cego. Diga-se à parte que "amor", nesse contexto, não é a palavra certa. Deveria ser "paixão", pois o amor é muito mais do que estar apaixonado, às cegas. O amor é ver o outro tal como ele realmente é, e mesmo assim aceitá-lo, com todas as suas qualidades e defeitos. Mas falaremos disso mais adiante.

O que torna tão singular essa época de paixão arrebatadora é o novo sentimento sexual que desenvolvemos num novo relacionamento. Há tanto para se descobrir, tocar, cheirar e saborear. Tudo é novo, simplesmente maravilhoso. A atração é tão grande que nem se consegue mais soltar o outro. Nessa fase também temos muita vontade de experimentar e de participar de coisas que antes nem sequer ousávamos imaginar. Experimentam-se posições novas, práticas diferentes; a pessoa se solta, deixa-se levar. Nessa fase não há problemas com o sexo nem com o relacionamento; tudo é maravilhoso.

Cada um experimenta a fase nova de sexo como libertação, como um ponto final para o relacionamento anterior ou para um longo período de abstinência, sobretudo como um ponto final para um tempo de solidão. O sexo une, no sentido mais verdadeiro da palavra. Apesar disso, deveríamos refletir a respeito do tema e conceber algumas idéias que nos façam avançar.

Aceitar o sexo novo assim como ele é?

Sempre que dois recém-enamorados se unem num encontro impetuoso acendem-se verdadeiros fogos de artifício, o que é próprio da natureza do sexo. Tudo sabemos, tudo que já tenhamos lido ou até aprendido é aplicado como recurso para tornar o outro feliz e também para impressioná-lo.

Ao fazê-lo, acontece muitas vezes que se aprendem novas práticas amorosas. Quem é inteligente sabe muito bem até que ponto pode e deseja chegar a isso. Mas na fase da paixão cega a minoria de nós usa a inteligência; muito pelo contrário, costumamos surpreender pelas ações mais irracionais e também pela tolerância.

Por exemplo: o que fazer se existe a necessidade de fazer sexo com cinta-liga e botas? Ou, num grau reduzido, se só conseguimos fazer sexo da mesma maneira, quase seguindo um padrão?

Vamos ser bem claros, no caso. O homem talvez seja um parceiro sexual muito ligado ao corpo, quase esportista, enquanto a mulher preferiria mais carícias e mais afagos carinhosos. Às vezes é o contrário. Mas agora, ambos colocam os seus próprios desejos e projeções em segundo plano, para não pôr em risco o novo "amor".

Será preciso ter alguma coragem e grandeza humana se já nessa fase quisermos intervir com correções. A maior parte das pessoas não tem tanta coragem; isso, a médio prazo, trará conseqüências amargas. Ao menos são essas as experiências que tenho com minha clientela.

Melhorar o sexo com magia?

Apesar de todo o deslumbramento, cada pessoa recém-apaixonada dentro de pouquíssimo tempo voltará às suas próprias necessidades e vai querer fazer valer os seus direitos. A conversa pretensamente "esclarecedora" vai levar à irritação e à insegurança: "você é selvagem demais para mim na cama" ou "mansinho demais no sofá". Tudo isso não leva a nada. Essas declarações vão fazer com que a outra parte se sinta fracassada, irritada e insegura.

Reforçar de forma positiva é mais sensato. Sempre que o parceiro faça algo que me agrade em especial — e nem precisa ser necessariamente algo sexual — vou realçar isso. "Lembra, aquela vez, lá no campo, você sabe... pois bem, aquilo me deixou muito excitada". Certamente o parceiro que queira agradá-la, da próxima vez procurará criar uma situação que lembre a anterior.

É claro que você já teve a idéia de recorrer a pequenos meios mágicos para reforçar aquele sexo que pôde desfrutar na primeira fase da paixão, ou então torná-lo mais significativo, dar-lhe mais valor. Em parte, isso acontece porque no fundo você sabe muito bem, apesar de toda essa paixão "cega", que sempre há como melhorar. Mas em parte também porque deseja dar mais um impulso a esse novo amor tão especial.

Mesmo que eu compreenda muito bem esses argumentos, não tenho uma opinião muito boa do progressivo "mais alto, mais rápido, mais...", seja como e onde for. Não podemos nos deixar levar pela ganância e pelo espírito insaciável que caracterizam o nosso tempo. Por isso, vou deixar minhas dicas de lado e apresentá-las em outro momento a você, quando forem realmente necessárias.

Apesar de tudo, sempre é um prazer fazer sexo à luz de velas. Se você queimar uma vela com fragrância ou talvez até uma vela de oferenda, poderá elevar o sexo a um nível espiritual.

Aliás, o tema cheiros e fragrâncias é um dos mais decisivos em relação ao sexo. Como você sabe: a gente suporta alguém, ou não, pelo seu cheiro.

E se você realçar esse fator fragrância ou perfume com óleos de amor intensificará também a sua relação sexual. Há todo tipo de óleos de amor. É bom que você reserve um tempo para conhecê-los um a um em sua loja de magia, a fim de encontrar os da sua preferência pessoal. O melhor de todos os óleos de amor, no entanto, é um óleo preparado e misturado especialmente por você, pois quando se combina com o cheiro individual de seu corpo torna-se único no mundo. Ao preparar a mistura você deve, naturalmente, observar se esse óleo agrada a seu parceiro, o que é perfeitamente viável descobrir. Preparar misturas individuais de óleos, especialmente as que vão produzir efeito mágico, é mais difícil do que se imagina. Não só depende de nuances sutilmente dosadas, como também da força de espírito com que se procedem a essas dosagens. É absolutamente necessário que você procure assessoria de alguém perito no assunto. Senão, tudo pode eventualmente acabar num desastre olfativo.

Você já está bem consciente de que nossos óleos mágicos sempre são usados com a maior parcimônia, em doses mínimas, como três gotinhas na água de banho ou três gotinhas misturadas ao óleo básico usado no corpo. Portanto, não é exatamente necessário comunicar ao parceiro a sua intenção: "Olha, amorzinho, agora vou colocar um óleo mágico para melhorar ainda mais o nosso sexo". Além de ridículo, acaba produzindo frustração e insegurança no outro, que vai achar que o sexo que tiveram até o momento não foi suficientemente bom.

Esfregar e até massagear-se mutuamente com um "óleo predileto" sem caracterização maior, porém, pode aumentar e muito o prazer, e quase sempre produz um grande e divertido final. Caso seu parceiro mostre algum interesse esotérico e pergunte sobre os ingredientes desse óleo, você pode revelar-lhe a verdade, mas depois do sexo! Caso contrário, vai ser o seu segredo.

Um meio maravilhoso para intensificar a qualidade da relação sexual é a força da música, discreta, de fundo. Jamais escolha sua música favorita, pois essa provavelmente estará ligada a outras lembranças, até de parceiros anteriores. Por isso vai desviar a concentração do aqui e agora. Também não escolha canções com letras em sua própria língua, pois também essas distraem. A música deve ser como um tapete onde os dois se deitam juntos, de bom humor. A mais apropriada, portanto, seria uma música instrumental do tipo *new age* (nova era). É claro que na escolha você pode se guiar pelo seu gosto. O gosto individual não conhece regras.

Música, cores, fragrâncias, luz, tudo faz parte. Também fazem parte a arrumação, o arranjo, a limpeza do ambiente e muito mais. Para benzer e "programar" o ambiente de antemão é recomendável que se façam pequenas defumações com sândalo e canela, que naturalmente não podem chegar a ser importunas.

Há uma infinidade de coisas procedentes do cantinho mágico que ajudam a melhorar o sexo e a experiência sexual. Por que não preparar um jantar íntimo de sedução? A receita está no meu livro *Rezepte aus der Hexenküche* [Receitas da cozinha da feiticeira], ainda não editado em português. E há muito mais ainda.

No entanto, recomendo de um modo geral manter todos os sentidos bem aguçados, justamente nessa fase de paixão nova e "fresca", de ligar todas as antenas possíveis e aceitar o novo parceiro tal qual é. Ou como desejaria ser. Você sabe muito bem que cada um de nós dissimula, nessa primeira fase da paixão; ninguém se mostra como realmente é, mas como gostaria de ser. É generoso, atencioso, amante perfeito e muita coisa mais. Mas não se consegue ficar muito tempo nesse papel. O mais interessante é que nem o próprio apaixonado percebe o seu comportamento, a sua apresentação dissimulada como tal. Também, como poderia? Ele não *representa* um papel, mas vive esse papel.

Quem é inteligente, observa o seu parceiro muito bem nessa fase, pois é uma chance de enxergar a imagem ideal de si mesmo. Seria desperdício de energia querer melhorar essa imagem ideal por meio de magia, pois simplesmente não haveria o que melhorar. O que alguém é na fase da paixão é o *non plus ultra*, ou seja, o insuperável. Mas essa fase termina muitas vezes bem antes do que desejaríamos.

O que fazer quando a fase da paixão está terminando?

O êxtase, tão leve e tão solto do início de um relacionamento, obcecado com o sexo e livre de quaisquer problemas, acaba depois de no máximo três ou quatro meses com uma espécie de ressaca. Já não se mantêm os encontros tão regularmente quanto há pouco, as orgias diárias por telefone se reduzem a um mínimo. Os encontros já não se mostram tão quentes e fogosos como algumas semanas antes. Surge uma sensação de pânico. Será que foi só isso e nada mais?

Claro que não! E não há motivo para se destratar o parceiro com repreensões e críticas. "Faz poucas semanas que você me ligava umas cem vezes ao dia, agora só três! Você tem outra pessoa? Não me ama mais?" Nossa, que chateação! Ainda mais constrangedor e mais prejudicial para o relacionamento seria isso: "Até o mês passado fazíamos sexo cinco vezes por semana, agora só duas vezes. O que está acontecendo com você?"

Pensamentos e frases desse tipo acabam matando qualquer relação. Pois não há nada de extraordinário, apenas está-se voltando à normalidade.

Quem acha que um relacionamento precisa ter para sempre esse gosto extático de paixão, certamente consumiu filmecos de Hollywood em excesso, e ainda por cima é muito ingênuo.

Até o carrão novo, em algum momento, vira o carro do dia-a-dia. O fantástico emprego novo torna-se algo normal. E o novo parceiro logo será o parceiro de todos os dias. Ficar se lamentando ou querer jogar a culpa no outro é a maior tolice que se pode fazer.

Há duas razões bem óbvias para que agora comece a grande lamúria. Primeiro, não se quer admitir que o êxtase já passou. Segundo, não se está preparado para um relacionamento "verdadeiro", uma relação com todos os seus altos e baixos.

Isso sempre me surpreende. Sei de muitos casos do meu dia-a-dia em que isso é o normal.

O sexo no dia-a-dia

Se tivermos consciência dos mecanismos da rotina do sexo, ou seja, da transformação do sexo que se vive numa fase de paixão deslumbrada em assunto rotineiro, esse tema perde o impacto ameaçador que parece ter. Pois não é nada terrível ou ameaçador o que está acontecendo agora, mas algo muito natural. Só é preciso conhecer e definir bem esse fato, para não ter de lidar com um enorme ponto de interrogação. Já falei do encanto mágico do novo, experimentado no início de cada relacionamento e que torna tudo o mais secundário. Também mencionei o fato de que o encanto do novo na verdade tem os dias contados, o que é condição inerente ao novo. Quem ano após ano passa suas férias na Espanha, e ainda por cima no mesmo lugarejo, certamente não experimentará mais aquela sensação intensa e maravilhosa da primeira vez em que esteve ali. Quem comer todos os dias o seu prato predileto certamente sentirá o desgaste bem depressa. Com o sexo é a mesma coisa. Sem dúvida, isso soa muito banal, mas é a verdade. Pois o leque de possibilidades a descobrir não é tão grande quanto sempre imaginamos. Em algum momento, já teremos experimentado todas as posições possíveis, os fetiches, a roupa sensual, até as preferências do parceiro, tudo já conhecido.

O que se pode ter todos os dias, perde o seu valor. Precisamos encarar esse fato sóbria e realisticamente. Quanto aos homens — mas em nossas latitudes isso já vale cada vez mais para as mulheres —, eles gostam de fazer o papel de grande conquistador. Num relacionamento estabelecido, isso já não é possível, porque tudo já foi conquistado. Pelo menos assim parece à primeira vista.

Acrescentam-se a isso o *stress* na profissão, no estudo universitário ou na escola, e uma intimidade que permite dizer "não", uma vez ou outra. "Estou esgotado hoje, só quero dormir", é a desculpa dos homens. "Tenho uma forte dor de cabeça", o pretexto clássico das mulheres quando não estão a fim de fazer sexo. Como se necessitassem desculpar-se por não estarem constantemente tomados pelo delírio do apetite sexual. Aqui, separa-se o joio do trigo. Quem confundiu o desejo com o amor, vai aterrissar bem rapidamente no chão dos fatos reais. E isso é muito doloroso.

Um "matador" clássico do sexo é a força do hábito. E a gente pode se acostumar a tudo: à posição favorita que é sempre praticada, porque é mais fácil assim. Ou se acostuma ao momento de ter sexo, talvez todo sábado à noite, depois do noticiário esportivo? Ou pode ser o lugar para se fazer amor: como sempre, na cama, pois esse é o lugar mais cômodo. Então, chegou a hora de desmontar os mecanismos do hábito, continuamente, se é que se pretende ter sexo satisfatório no dia-a-dia. Trata-se de surpreender, bem conscientemente, o parceiro nesses três pontos — posição, hora e lugar — mesmo que em outra parte fosse mais confortável, mas ao mesmo tempo mais maçante.

Como acabo de usar de forma tão sem-cerimônia a palavra "posição", quero deixar claro que a penetração não é tudo, mas que a experiência sexual como um todo é o que importa. Uma vivência que começa com carícias e carinhos e talvez termine com um cigarro, depois. Quem, afinal de contas, pode afirmar que a penetração é o máximo absoluto? Há muitas outras práticas que levam à satisfação. Quem não as conhece, por favor, procure um manual de sexo, fácil de conseguir em qualquer livraria.

E já que estamos falando disso: quanto estímulo não advém da leitura conjunta de um manual desses? Mas que não seja sob a premissa de querer mudar ou melhorar algo, mas tão-somente por curiosidade. Caso contrário, podem surgir novas irritações ("Parece que não sou suficientemente bom de cama!"), que, por sua vez, trazem novos problemas.

Receitas de feiticeira e vodu contra a força do hábito

Se quisermos dar novos impulsos a um relacionamento sexual já adormecido — e às vezes até é preciso fazê-lo, caso contrário o matrimônio ou o relacionamento no todo pode acabar — não deveremos ter receio de utilizar a caixinha da magia. Se o fizermos, surge uma questão básica: vou contar ao meu parceiro sobre a minha intenção, ou vou agir em segredo? Esse é um problema que precisa ser solucionado de acordo com o caso. Enquanto um parceiro faz questão de saber disso, outro pode muito bem rejeitar toda essa "bobagem esotérica".

A princípio, todas as medidas decididas e realizadas em conjunto prometem êxito maior. É simples, porque nesse caso vocês agem em primeiro lugar como casal, em segundo lugar porque dispõem de energia em dobro que pode ser investida nos atos mágicos. Com isso, a cota de êxito aumenta consideravelmente.

Se, no entanto, você tem um parceiro que por assim dizer precisa ser forçado para sua própria felicidade, aja às escondidas. Nesse caso, é essencial tomar cuidado para nunca ser pego "em flagrante", ou nessa seu parceiro vai reagir com agressividade ("Já te disse mil vezes que toda essa bobagem de bruxaria me incomoda!"), e aí você terá um novo problema. Se decidir agir em segredo, precisará tomar o máximo de cuidado com as dosagens, com vestígios e outras armadilhas traidoras para não levantar nenhuma suspeita. É claro que em algum momento você vai questionar quanta intensidade poderia ter um relacionamento em que há opiniões tão distintas em pontos tão importantes quanto são a magia e o esoterismo.

Seja como for, os *óleos do amor*, à venda em qualquer loja de artigos de feitiçaria e de magia, são meios comprovados para se despertar a sexualidade adormecida. Há vários deles: French Love, Attraction, Aphrodisia, Sexy, Queen of Sheba ou Adam & Eve. Trata-se de misturas de óleos já preparadas que você pode usar, dependendo do caso, como perfume na água do banho ou até acrescentando-as à água de limpeza da casa. Além desses, ainda há uma quantidade enorme de óleos do amor. Recomendo que você se dê ao trabalho de descobrir, numa experiência consigo mesmo e também com o seu parceiro, qual o óleo que mais agrada a ambos(!). O olfato é indício confiável quanto à eficiência. Mas, como se trata de dois olfatos distintos, pode muito bem acontecer que seja preciso fazer concessões quanto ao perfume ideal e combinar o denominador comum mais próximo da realidade de cada um de vocês.

Muitas vezes há tensões não expressas que provêm de uma situação sexual insatisfatória. Vistas isoladamente, podem ser o verdadeiro motivo para uma longa abstinência sexual. *Óleos aromáticos*, gotejados numa lamparina de óleo, podem contribuir muito para que se restabeleça a harmonia entre o casal e, com isso, a base sobre a qual todo o resto pode ser experimentado e discutido. Nesses casos, sempre recomendo uma mistura de óleos Angel, Buddha e Love-me, comprovadamente muito eficiente no restabelecimento da harmonia.

As velas são outro meio discreto de preparar o caminho para a harmonia e a sexualidade. Use sempre velas com fragrância à base de canela e baunilha. Ficou comprovado que são principalmente homens que reagem fortemente ao cheiro de baunilha. Não sei por que é assim. O que está comprovado é que o efeito mágico das velas é intensificado cada vez que usamos uma vela de sete nós. A vela é queimada diariamente, até chegar ao nó primeiro, então se apaga a vela com os dedos. Nesse período de sete dias, enquanto a vela estiver queimando até o próximo nó, você se concentra em seu parceiro.

Defumações também ajudam a aliviar, e muito, o caminho para refrescar e renovar a vida sexual. Defumações à base de High-John, Oris, Cleopatra ou também lavanda são especialmente eficientes. Nem sempre é necessário que o material seja defumado. Muitas vezes já é suficiente espalhar as misturas de ervas cautelosamente pela casa. Isso é recomendado especialmente nos casos em que o parceiro de preferência não deve ficar sabendo das suas práticas de magia.

Por que não preparar uma vez mais um agradável *jantar de sedução*? Apresentei várias receitas no meu livro *Rezepte aus der Hexenküche* [Receitas da cozinha da feiticeira], dando instruções exatas quanto à preparação. Mas pode muito bem ser simplesmente o prato predileto da pessoa a ser seduzida, ao qual você acrescenta algumas ervas de sedução ou umas gotas de óleo do amor (por exemplo, no óleo de salada). Num jantar de sedução, é importante que você não sirva comida pesada ou muito calórica, ou pode acontecer de o efeito ser um cansaço paralisante causado pela digestão difícil, em vez de um prazer fervilhante. Certamente, um assado de porco com nhoques é muito menos adequado para a ocasião do que uma salada bem apetitosa. Nem você nem seu par terão proveito se depois da refeição se sentirem tão cansados e extenuados que, além das atividades gástricas, já não há reação física de qualquer natureza.

Um pequeno *talismã* também pode ajudar pares cansados a voltarem aos prazeres da cama. O pentáculo de Vênus é o seguinte:

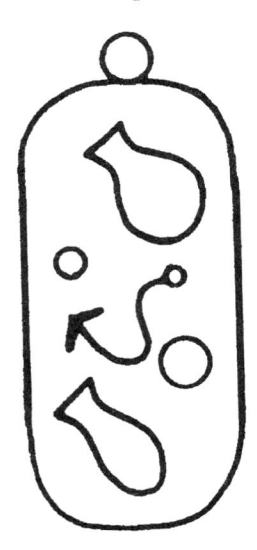

Você desenha o pentáculo sobre um pedaço de pergaminho, com a chamada tinta sangue de pomba, escreve os nomes das duas pessoas que você gostaria de ver unidas outra vez — portanto, o seu próprio nome e o do seu par — , traça um círculo ao redor de tudo e coloca o pergaminho num saquinho de tecido vermelho, fechando com uma costura. Você mesmo decide se vai querer usar o saquinho junto ao corpo ou deixá-lo debaixo do seu travesseiro. Poderá aumentar a eficiência do rito, respingando-o diariamente com três gotinhas do seu óleo de amor predileto.

Das regiões árabes, em especial da Tunísia e do Egito, importamos a *magia do amor dos humores*. Essa magia baseia-se na compreensão, muito acertada na minha opinião, de que nós, seres humanos, não estamos tão distantes dos animais quanto, em nossa arrogância, sempre achamos. Por que não haveria de funcionar também conosco, através do olfato infalível, o que funciona para os animais? Com algumas gotas de urina, muitos mamíferos, os cachorros, por exemplo, marcam o território e até trocam informações. Se você então puser duas ou três gotas da sua urina na comida ou no drinque da pessoa que deseja seduzir, você, com isso, a tornará propriedade sua e a atrairá para o seu território.

Naturalmente sei que, dentro da nossa cultura, existe certa repugnância de urina. Em outras culturas, porém, é muito diferente. Nelas, a urina é usada para os mais diversos interesses. Há muita literatura sobre o assunto. Quem conseguir superar a aversão à própria urina, adquirida através da educação, poderá experimentar um milagre bem *sexy*. O sangue de menstruação tem efeito semelhante. Mas lembre-se, em ambos os casos, de que mais de três gotas por aplicação já estragam o efeito.

A realização de cada *rito de vodu* exige um sacrifício, também no caso de ritos que pretendam restabelecer a atração sexual entre dois parceiros que se cansaram um do outro. Mais uma vez, nesse caso, a oferenda vai para o deus ioruba, Changô, senhor do fogo e do apetite sexual. Para isso, você necessita de 3 colheres de sopa de mel, 7 de areia branca e 1 de fermento em pó. Arranje os ingredientes num prato bonito e misture-os. Em seu centro, coloque ainda uma vela Double-Action vermelha e outra azul, que podem ser compradas em qualquer loja de acessórios de magia. Ajoelhe-se, acenda as velas e faça o sinal-da-cruz. Então, concentre-se naquela pessoa com que deseja começar a ter uma relação sexual ou reestimular o sexo. A reza precisa focalizar principalmente o seu anseio de resolver os problemas que existem entre os parceiros.

Em seguida, cozinhe um prato simples, que consistirá de páprica, arroz e fígado fresco de galinha, tudo temperado a gosto. (Aliás, na África e em Nova Orleans usa-se, em vez de fígado, uma cobra ainda viva; como protetora de animais, sempre fico apavorada com isso, ainda mais depois de descobrir que o fígado fresco de galinha produz o mesmo efeito.) Essa refeição deve ser degustada pelos dois parceiros, juntos. Depois da refeição, prepare um pedaço de pergaminho em que escreverá, com sangue de menstruação, os nomes de vocês dois. Esse pergaminho é oferecido ao deus do fogo, Changô, num copo com bebida alcoólica flambada, uísque ou vodca, a seu critério. O rito sempre é acompanhado do pedido de que acabem todas as dificuldades existentes entre você e o seu par, sejam bloqueios, mal-entendidos ou simplesmente um desgaste da relação por força do hábito.

Tudo isso pode soar um pouco mecânico, como se você estivesse seguindo um manual de instruções, já sei! Nem por isso os procedimentos descritos deixam de funcionar, como já ficou comprovado. Mas há algo que nunca deve ser negligenciado. Trata-se do fator mais importante no jogo entre dois parceiros, que é o romantismo.

O encanto do romantismo

Se buscarmos no dicionário o conceito de Romantismo, vamos achar algo sobre diferentes ramos ou escolas de arte, desde a literária até a de artes plásticas e arquitetura, como corrente de uma postura espiritual artística vigente sobretudo na fase de transição entre os séculos XVIII e XIX. Mas não se explica até que ponto e como essa postura tem a ver com o fenômeno do romantismo a que estou me referindo neste livro. Não faz mal. Pois, se contemplarmos as manifestações dessa arte, perceberemos que se trata de calor e aconchego, um pouco de nostalgia, e também um tanto de mistério. Não importa se vamos debruçar-nos sobre uma poesia ou uma pintura, pois os ingredientes são basicamente os mesmos.

Usamos a palavra romantismo no contexto de amor, sexo, parceria, aconchego, e também de segredos e saudades.

Há outro componente: o do *kitsch*. Para os outros, o romantismo sempre parece um pouco exagerado e *kitsch*, mas somente para os outros, os de fora. Quando dois apaixonados se presenteiam com flores, quando escutam uma linda música à luz de velas, lêem poemas de amor um para o outro, passeiam no parque de mãos dadas e como que embriagados por tanta felicidade cambaleiam pela vida, eles experimentam o mundo e a qualidade de vida elevados a um outro nível. Nesse nível, sentem-se inteiramente bem. Simplesmente não conseguem enxergar o fator *kitsch* que há nisso. No máximo, vão vê-lo depois que a sua fase romântica já tiver passado. Uma ou outra pessoa estará se questionando então sobre as manifestações desse comportamento estranho e até constrangedor que deve ter apresentado. O que é uma pena! Pois nada nos momentos românticos é constrangedor, seja um buquê de flores ou um poema de amor ou um passeio na chuva pela floresta. Deve-se aceitá-lo, mesmo depois que já passou. Pois, sejamos sinceros, gostaríamos de passar pela mesma experiência outra vez, e quanto antes, melhor. Como o mundo seria maravilhoso se todas as pessoas pudessem viver nesse estado tantas vezes quantas fosse possível!

O inimigo do romantismo é a realidade. Infelizmente, costuma ser um elogio hoje em dia, se uma pessoa é considerada realista, com ambos os pés plantados no chão da realidade, enquanto voar é tão maravilhosamente belo! Portanto, tente sempre introduzir elementos românticos no dia-a-dia da relação. Que não seja sempre a mesma rotina, mas em vez disso algo diferente, com mais freqüência e em doses bem equilibradas. Quando assistirem a um filme de amor, preste atenção quando o seu parceiro se emociona mais, quais as situações românticas a que reage. Quem sabe possam viver algo parecido. O que não significa que devem imitar os detalhes das cenas de filme; isso seria até constrangedor. Mas você poderia aproveitar o estímulo e adaptar o que viu na tela às suas próprias necessidades.

A diferença entre sexo e erotismo

Se quiser que um relacionamento funcione por um período de tempo maior é preciso almejar, além de uma amizade muito intensa com o parceiro, criar uma boa base sexual, ou seja, uma relação que não desande logo depois dos primeiros meses, quando o encanto da novidade já tiver passado.

Nesse caso, faz sentido tentar levar a vivência sexual a um nível mais elevado, o do erotismo. Defino a diferença entre sexo e erotismo da seguinte maneira: sexo mais romantismo, igual a erotismo. Detalhando, trata-se de sexo com calor, suavidade, mistério, nostalgia, *kitsch* e renúncia à realidade, o que resulta em erotismo.

Todo animal selvagem pode fazer sexo; assim, um ser humano tosco e grosseiro também pode. O erotismo, porém, exige reflexão e imaginação. É necessário que se faça tal esforço.

Nem se trata de eu querer sugerir, neste contexto, que se imaginem práticas sexuais inéditas e originais. Em última análise, não importa fazer sexo na cama ou nos trilhos da ferrovia. Desde que somente *faça sexo*, você permanece no estágio do instinto e de sua satisfação, a milhas de distância do erotismo.

Somente no momento em que você introduzir algum componente romântico, que não seja meramente físico, mas sobretudo espiritual, você estará se aproximando do erotismo. Velas, flores, música, fragrâncias misteriosas, comportamento imprevisível, sussurrar algo poético no ouvido do outro, enfim, toda a gama de romantismo. O erotismo surge somente na combinação de sexo com romantismo.

É claro que tudo isso precisa de um pouco de encenação. Sobretudo, não se deve cair na repetição de certos padrões. O livro mais lindo e o filme mais belo sofrem um desgaste pela repetição. Pois vai faltar um componente romântico importante, o mistério. Os aspectos do costume e do hábito são nossos maiores inimigos.

Nem por isso desista de assistir várias vezes a um filme especialmente belo ou, sejamos diretos, de repetir certos padrões da aventura erótica. Você vai saber quando seu parceiro estará a fim de uma repetição.

O erotismo consiste, portanto, em boa parte, de romantismo. E o romantismo vive do irreal. Quem criar situações aparentemente irreais, como algo oriundo de um sonho, praticamente já terá ganho o dia. Aquilo que já foi experimentado mais de cem vezes, talvez como o clássico ato sexual praticado todo sábado à noite, sempre depois do programa esportivo, há muito já se tornou parte da realidade e jamais poderá conduzir ao reino do erotismo.

Não há regras de jogo estabelecidas que eu poderia passar-lhe. Pois o que para uma pessoa já é algo real, para outra até o momento ainda é inimaginável. Isso tem a ver com educação e experiência pessoal. Até o mais belo jantar à luz de velas, com vistas à sedução, se tornará rotina para alguém que já experimentou isso várias vezes, pois já não tem sabor de mistério. Assim, não há erotismo. Para outra pessoa, porém, essas preliminares talvez constituam a maior aventura, nunca antes vivida, e o erotismo florescerá, e como!

Tanto o erotismo como o romantismo só podem ser experimentados individualmente. Por isso é importante descobrir do que o outro mais gosta e o que detesta. Não é sensato derramar flores sobre alguém que é alérgico a pólen. Também não faz sentido encenar um certo programa erótico que só faça o outro lembrar uma experiência ruim, algo que ele possa ter tido com seu par anterior.

Já que o romantismo necessita ser dosado cuidadosamente, a mistura de sexo e romantismo — o erotismo, portanto —, precisa ser empregada de forma ainda mais consciente. Não é inteligente que alguém, logo no início de uma relação, queira mostrar toda a sua experiência, o que sabe e conhece além de sua imaginação ilimitada. Depois disso, só lhe resta brilhar com as repetições do espetáculo de fogos de artifício já queimados. Pois, se agir assim, a partir de então só haverá apresentações da aventura erótica em versões menores. Mas isso já pode ser interpretado pelo parceiro como um amor em declínio, ou, pelo menos, como interesse sexual que diminui. Isso, por sua vez, pode levar a insegurança e problemas.

É importante que os parceiros falem abertamente sobre seu relacionamento sexual, que comuniquem um ao outro do que gostam e do que não gostam muito. Com relação ao romantismo, no entanto, acho perigoso que se discuta à exaustão cada pequeno detalhe, pois dessa maneira o fator mistério deixa de existir. Segredos e surpresas, porém, são ingredientes essenciais do romantismo e do erotismo.

Renovando o sexo, sempre

Já abordamos receitas de feiticeira, romantismo e erotismo, fatores que contribuem para fortalecer uma relação, todos muito importantes. Você pode considerar o conjunto bem equilibrado desses fatores como garantia para uma relação feliz, desde que você e o seu parceiro basicamente combinem.

Da mesma importância serão muitos detalhes que, na verdade, nada têm a ver com magia ou erotismo, mas tão-somente com cuidado e atenção. Muitas pessoas têm a tendência de querer encontrar descanso num relacionamento. Partem do princípio de que ter conquistado a outra pessoa já foi a grande façanha e que, depois disso, tudo continuará de maneira automática. Esse é um erro fatal.

Um relacionamento é um emaranhado de energias interpessoais, que necessitam de cuidado e carinho diários. Os parceiros não necessitam estar se paquerando constantemente, como acontecia na fase inicial, mas pelo menos cada um precisa instigar e manter o interesse do outro. Isso exige um pouco de esforço, mas no fundo nem é tão difícil.

Muitas vezes, basta uma roupa nova, mudar de penteado ou de perfume, ter um *hobby* novo, livros, filmes ou jornais novos, sugestões diferentes para atividades em conjunto e coisas do gênero. O que importa é simplesmente manter o interesse do outro vivo, sair da rotina e do que é familiar. Não dá para subestimar a influência desses aparentes pormenores para a vida sexual a dois.

Um ponto muito importante: evite passar toda a noite com seu parceiro, num quarto de dormir em comum. É claro que isso é possível, mas não deveria tornar-se uma rotina. O aspecto matutino do outro, meio dormindo e todo amarrotado, com os cabelos desalinhados, mau hálito, cheiro de suor e muitas coisas mais podem rapidamente tornar-se um exterminador do sexo e, com certeza, do erotismo.

Mesmo que muitos casais achem que precisam dessa proximidade aconchegante, porque é assim que deve ser e porque à primeira vista a casa é muito pequena para um segundo espaço de privacidade, a prática ensina que o quarto de dormir conjunto representa o início do fim de uma relação. De algum modo, cada moradia pode ser organizada de forma original, se houver coragem de evitar padrões conhecidos. Onde, por exemplo, está escrito que é absolutamente necessário ter *uma sala* em cada casa? Não seria muito melhor ter duas salas, cada uma com um lugar para dormir?

Segundo a minha experiência, o quarto de dormir em comum faz com que todo o erotismo adormeça. Aliás, *dormir* — que palavra é essa?! Nós "dormimos um com o outro" quando temos relações sexuais, e com essa expressão, na verdade, já estamos caracterizando a vida sexual como bastante cansativa. Boa noite, e durmam bem! Os italianos, os franceses e os ingleses "fazem amor", o que já é bem melhor. Os americanos "se vêem", esperemos que também sem roupa. Mas isso é apenas um comentário.

Voltemos aos nossos "remédios caseiros", que ajudam a reanimar o sexo num relacionamento de longa duração. A maioria deles já foi mencionada. O que, além de tudo, sempre tem efeito muito estimulante, é um ambiente novo, férias curtas. Não vá dizer que não tem tempo nem dinheiro! Pois nem precisa ser uma expedição de quatro semanas, nenhum hotel cinco estrelas. Uma pequena pousada nos arredores também serve. Que tal uma troca de casas com um casal de amigos de outra cidade, só por um fim de semana? Tudo é possível, é só querer.

Um dos remédios caseiros mais importantes é nunca pôr a culpa no outro, nem em pensamento nem expressando-o verbalmente. "Ele podia tomar a iniciativa, para variar; das últimas três vezes a iniciativa para o sexo foi minha, mas ele nem reage. Portanto, vou deixar de fazê-lo; também não quero me impor." Que bobagem! Muitas vezes falta só um empurrãozinho. E isso, depois de uma longa fase de abstinência, é muitas vezes mais difícil do que se imagina. O principal é que um dos dois tome a iniciativa, não tem a menor importância quem seja. Pois um autêntico casal sempre é uma unidade. Ficar fazendo cobranças, mutuamente, não faz o menor sentido.

Quem pensar que tudo isso é muito complicado ou muito cansativo, e que é possível deixar tudo como está, que o importante é ficar juntos e ter o calor do seu ninho, pode perder o equilíbrio muito rapidamente. Por exemplo, quando um novo fator entrar em cena: o ciúme. E ele se torna a pedra de toque de cada relação, pode estar certo disso. O mais tardar é agora que se decide se a relação tem futuro ou não.

Ciúme não é prova de amor

A pessoa que ama, conhece o desgastante sentimento do ciúme. E quem afirma estar livre do ciúme, está mentindo. O ciúme é um fenômeno que, como um fio vermelho, perpassa toda a nossa vida.

Já começa nos primeiros e ternos anos de vida. O irmãozinho sente ciúme da irmã mais velha, porque essa pode ficar no banco da frente do carro, e ele não. Ou porque papai e mamãe "simplesmente gostam mais" da mana; talvez ela acabasse de ganhar um elogio por causa de uma nota escolar especialmente boa, ou tivesse ganho um presente de aniversário especialmente atraente que, naturalmente, é muito mais bonito do que o dele próprio. O ciúme é muito humano.

Mas não só humano, como também animal. Os pequenos pássaros no ninho rivalizam por favores de seus pais, pelo alimento que lhes trazem, às vezes até jogam o irmãozinho rival para fora do ninho. E jovens mamíferos brigam pelo melhor lugar junto à fonte de leite. Quem chega por último, leva o castigo de passar fome.

Sim, senhor, somos zelosos: homem ou animal, desenvolvemos um cuidado intenso, querendo agradar a alguém e ganhar seus favores. Seja o favor do animal materno que traz a comida ou o do professor, do amigo, do chefe ou talvez até de um deus — no final das contas não importa. Pois o padrão é o mesmo. O zelo sempre significa querer e até precisar superar, deixando concorrentes para trás.

A partir daqui, minha referência ao ciúme será àquele que existe no relacionamento amoroso em que sexo e erotismo têm um papel importante, seja entre homem e mulher, entre dois homens ou entre duas mulheres.

Os amantes sempre gostam de atrair sobre si o ciúme, como prova de amor: "Quem não sente ciúme, também não ama de verdade". Ou: "O ciúme faz parte do amor". Será realmente que o ciúme é prova de que se ama o outro? Não seria muito mais uma prova de que se ama a si mesmo, portanto, sente e age de forma egoísta?

Exemplos de ciúme, com erros típicos

Vejamos como as pessoas lidam com o ciúme. Quantas vezes homens e mulheres, na minha prática de aconselhamento, já não se desfizeram em lágrimas, simplesmente porque não conseguiam lidar com o seu ciúme e, por causa disso, como se fossem programados para isso ou guiados por controle remoto, haviam cometido os piores erros possíveis? Foram todos erros que levaram ao fim do relacionamento. E foram erros que se cometem todos os dias.

Markus D., de 38 anos, há muito suspeitava que a esposa tinha outro homem. Ela deve ter tido alguma razão para sempre estar achando defeito nele e o criticando. Do amor tempestuoso da primeira fase da paixão não restava nada que ainda fosse digno de menção. Os dois tinham relações sexuais só por rotina, uma vez a cada dois ou três meses, talvez. Os interesses em comum estavam reduzidos a um mínimo. Quando Markus de fato foi confrontado com um rival — pois sua esposa era sincera a ponto de não lhe esconder nada —, ele chorou e se lamentou o dia todo. Implorou-lhe para que terminasse com o outro e que tomasse cuidado, para que nenhum dos amigos deles ficasse sabendo dessa aventura amorosa. Isso feriria o seu orgulho masculino. Choramingava, lamentava e se lamuriava tanto que, sem ter consciência disso, tornou a decisão de sua mulher muito fácil. Ela se decidiu a favor do novo namorado, ambicioso e esforçado. Deixou para trás aquele ser egoísta que o tempo todo tentava meter-lhe complexos de culpa na cabeça. Acho isso mais do que compreensível.

Karin B., 42 anos, foi ainda mais longe em seu ciúme. Quando ficou sabendo que o marido estava tendo um caso com uma mulher mais jovem, e ainda por cima, uma amiga sua, encenou dramaticamente uma tentativa de suicídio, com carta de despedida e tudo. A quantidade de comprimidos que tomou era muito pequena para causar um dano maior, mas a dramaticidade envolvida foi suficiente para que o marido de Karin se lembrasse do seu compromisso de fidelidade e do seu papel como marido. O objetivo estava alcançado? Ah não, longe disso! Depois de mais um ano de esforços frustrados de ambos, no sentido de recompor o matrimônio, o marido de Karin saiu de casa, para sempre. Pena e chantagem são os piores meios para religar um relacionamento já rompido.

Há exemplos ainda bem mais malucos. Traudel M., 45, pôs um detetive particular no encalço de seu infiel companheiro de vida. Queria descobrir se a viagem anunciada realmente era uma viagem de negócios ou se estava ligada a uma aventura. Duas semanas num hotel à beira-mar, no Quênia, não precisam necessariamente levantar a suspeita de traição, ainda mais porque o parceiro de Traudel é um jornalista que faz cobertura de turismo e viagens. Mas as antenas de Traudel estavam em estado de alerta geral. Ela estava certa, como descobriu o detetive — muito bem pago, aliás. Havia outra mulher como acompanhante da viagem. Traudel e o parceiro se afastaram um do outro, cada um à sua maneira. Ela entrou numa profunda depressão, ele contraiu malária. Cuidaram um do outro por um tempo, prometeram mutuamente tentar um recomeço, e depois de meio ano separaram-se, frustrados. Há muito, não havia nada mais para salvar. E a ação de Traudel, de ter enviado atrás dele um detetive particular, atingiu de tal forma o companheiro que ele nunca mais quis se abrir com ela. Sentia-se constantemente controlado pela esposa, de uma forma ou de outra.

Quando se trata de pessoas mais jovens, tudo pode se tornar ainda mais dramático. Sandra, de 21 anos, descobriu que o namorado às vezes saía também com Beate, de 22. Os dois eram amigos do tempo de escola, nada mais. Mas Sandra não quis aceitar isso. Ela encenou um drama de ciúmes, sem qualquer base na realidade: "Ou ela, ou eu!". E começou a ameaçar a ex-colega do namorado, enviando-lhe e-mails impróprios, avisando que, logo mais, uns esportistas amigos seus "acabariam com a raça dela". No final das contas, a paciência do namorado se esgotou e ele deu o fora. Certamente ninguém ficaria surpreso com isso, com exceção de Sandra.

Carola G., 45, foi mais esperta. Ela conhece as regras do jogo, no caso de ciúme. Nada de ficar se lamentando, nada de acusar o terceiro (para não provocar solidariedade); atacar o outro, então, nem pensar. Tudo muito compreensivo e sensato. A hora é de paquerar o próprio parceiro, de maneira positiva, jamais negativa.

Mas Carola exagerou na medida, em todos os sentidos. Passou por uma mutação completa. A menina que antes era doce vira um vampiro do sexo, realiza tantos rituais de feitiçaria e de maneira tão ostensiva quanto lhe é possível; adota uma atitude de "cio" absolutamente repugnante, porque não combina em nada com a sua personalidade. Apesar de Carola e o marido Lukas, de 48 anos, serem da geração de 68, que propagava e em parte também vivia o amor livre, os dois fracassam por causa do ciúme.

As razões para sentir ciúme, justificadas ou não, são muitas. Devemos analisá-las detalhadamente.

Motivos do ciúme

Há tantos motivos para ciúme num relacionamento, mas só vamos escolher alguns dos mais comuns e típicos, e examiná-los. Se virmos esses motivos preto no branco, por escrito, muitos de nós vão dizer "Olha só, é verdade!". "Ah, é assim mesmo. Já vi acontecer isso com fulano ou sicrano." Porém, a coisa fica dramática se nós mesmos somos os afetados. Pois aí já não há o fator revelação, ou como examinar a questão friamente. Estamos mergulhados num turbilhão de emoções e medos, e fica difícil manter a visão do todo. Muito menos, vamos ter a força e a calma para procurar pelas causas e analisá-las. Nesses momentos, só vale a lei das emoções. Essa é uma lei que exige de nós bem mais do que somos capazes de dar numa situação concreta de ciúme.

Somos tão inteligentes e tão sábios quando se trata de aconselhar uma terceira pessoa, mas quando se trata de nós mesmos, fracassamos por completo. Deparo constantemente com esse padrão, não só no meu trabalho de aconselhamento, mas também no comportamento humano em geral.

Por que é assim? É o distanciamento que o conselheiro tem da pessoa que procura o seu conselho que pode proporcionar uma visão clara das coisas. O ciúme sempre tem a ver com miopia, visão curta, com confusão e perplexidade. Portanto, é preciso que se contemple o problema do lado de fora, à distância. Quem está afetado e confuso, só vai conseguir fazer isso em casos excepcionais. O seu mundo emocional está confuso demais para permitir-lhe pensar com clareza.

Um ciúme constante, que existe de forma latente, geralmente está baseado em *insegurança*. Será que sou realmente a parceira dele para toda a vida? Pode ser que ele estivesse me enganando, porque estava sozinho e precisava de companhia justamente na hora em que começamos a namorar ou — e isso seria o mais difícil de suportar — talvez ele só quisesse fazer sexo comigo. Pensamentos como esses podem azucrinar a vida e fazer com que um relacionamento já comece sob um signo negativo.

Outro motivo para ciúme é a *falta de autoconfiança*. Será que sou suficientemente atraente, inteligente, viva, erótica, bonita, azul, verde, listrada para que o meu parceiro esteja satisfeito comigo? Ele é muito mais fantástico do que eu, como é que vou poder corresponder às suas expectativas? Ele certamente vai me deixar depois de três meses, depois que tiver experimentado comigo tudo o que for possível na cama. Isso não! Preciso me prevenir, vou mimá-lo como posso, fazer tudo para segurá-lo.

Mas que pensamentos mais terríveis e equivocados! Quem age dessa forma já pode renunciar a esse relacionamento desde o início, porque está transtornando o seu equilíbrio. Cada homem e cada mulher procura um par com direitos iguais, que seja bom não só para o sexo, mas também para a amizade. Um casal só pode funcionar se lhe for possível dizer "Meu marido, minha esposa é meu melhor amigo, minha melhor amiga".

O mais comum de todos os males é *a suspeita*. Uma suspeita, por exemplo, de que possa haver um caso com outra pessoa. Por que ele fala tanto na Gabi? Por que ela vive falando do Hartmut? O que é que ele faz, de fato, quando afirma ter de fazer hora extra? Em que, afinal, ela está metida, quando diz que vai ao cinema com a melhor amiga dela? Uma suspeita pode basear-se tanto na falta de autoconfiança quanto numa insegurança geral. São dois fatores que têm muito a ver um com o outro.

Mas uma suspeita também pode surgir por causa de incongruências reais entre os parceiros. Podem ser afirmações inexatas ou confusas, que muitas vezes não correspondem à realidade, quando são mais bem analisadas.

Em muitos casos, nem sequer existe motivo para uma suspeita. Pode ser que o parceiro esteja se reorganizando, querendo voltar à vida social que mantinha antes da nova relação. Que já não esteja com vontade de fazer juras de amor a cada noite, à suave luz de velas, mas voltar pra valer ao seu barzinho preferido, com os amigos. Isso é mais do que compreensível. Mas mesmo numa situação tão simples e corriqueira, o parceiro reage com ciúmes e totalmente fora de proporção, tornando-se antipático e ridículo.

É claro que existem ainda muitas outras razões para alguém ter ciúmes. Um dos motivos mais comuns é o contato ainda existente e até amigável com um ex-parceiro. Tentativas de querer apaziguar o outro, alegando algo como "Somos apenas bons amigos hoje em dia" ou "Ainda precisamos dar um fecho à nossa relação, por isso precisamos sair de vez em quando para jantar ou tomar uma cervejinha!" não pegam. Pelo contrário, muitas vezes acontecem cenas desagradáveis, além de críticas, tais como "Você ainda a ama, por que não admite logo?" Isso é infantil e prejudicial para a nova relação. Quem pensa com inteligência e lógica, fará amizade com o ex-parceiro. Há uma pessoa neste mundo que um dia amou o seu atual parceiro tanto quanto você o ama hoje. Portanto, não é tão-somente um rival ou concorrente, mas é também alguém com quem ele tem afinidade espiritual! É preciso procurar uma amizade assim. Se você ama o seu parceiro, deveria aceitar também o passado dele e amá-lo como uma "obra de arte" na sua totalidade. Todo o resto não funciona.

Quem esperar de seu parceiro que negue e rejeite o passado dele, age de forma egoísta, ciumenta, ridícula. Vai proibir qualquer contato entre ele e seus ex-parceiros. Vai querer ouvir dele que o ex é tão burro ou tão insuportável que qualquer relacionamento com essa pessoa, numa base de amizade, seria simplesmente impossível. Talvez o novo parceiro até lhe dê esse gostinho, nos primeiros delírios de amor. Mas só fará isso porque não quer arriscar a felicidade tão recente. Em algum momento se sentirá chantageado. Se você agir assim, mais dia menos dia a conta lhe será apresentada.

São sabedorias de vida que cada pessoa sensata certamente poderá perceber, desde que não se encontre no meio de um turbilhão de ciúmes. Tratando-se de infidelidade ou separação, ou já na mínima possibilidade disso, o ciúme torna-se desenfreado e incontrolável.

Motivos de infidelidade e separação

Nem é preciso ser uma feiticeira ou um mago para reconhecer por que casais se separam depois da fase inicial de paixão e encanto. É que os motivos pelos quais isso acontece são sempre os mesmos.

Apostamos alto demais nessa fase, porque não queremos que o parceiro nos tire a máscara e veja o nosso rosto verdadeiro, que muito bem pode ter expressão estressada ou cansada, que deixa de ser o rosto do amante genial que preferiríamos ser.

Há outro motivo, muito comum. Em nossa sociedade, de velocidades vertiginosas, sempre há *"piratas" famintos de sexo,* que topam tudo o que conseguem e que, além disso, não se importam com nada. São esses que primeiro encarnam o parceiro dos sonhos, encantado e apaixonado, e que depois da fase da "paixão" se retiram tão rapidamente quanto podem, em busca de novas aventuras. Quem estiver procurando pelo grande amor e cair nas garras de um pirata, vai se sentir arrasado. Mas só quem desistir, terá perdido. É preciso beijar muitos sapos até que, finalmente, surja um príncipe em nossa vida.

A seguir, temos como motivo de ciúme a *mania ou ilusão de posse*. Um dos parceiros quer obter a posse total do outro, já não permite reações alternativas e quer que ele se concentre por completo no novo e grande amor. Esse amor logo vai para o espaço e vai dissolver-se no nada de tanto se sentir pressionado.

O pior de todos os motivos é a paralisante *força do hábito*. O sexo só é exercido por obrigação; todo o romantismo fica apenas na lembrança. Mas, apesar disso, os dois permanecem juntos, mais para o seu mal do que para o seu bem.

Se nesse momento uma paquera agradável se aproximar, sacudindo a rotina com alguma força, pode acontecer, nas circunstâncias que acabo de descrever, uma *pulada de cerca*. Afinal de contas, somos apenas humanos, com nossos impulsos e instintos.

É preciso fazer uma distinção entre a infidelidade espontânea e a bem planejada. Pode até ser um velho amigo que ocasiona a grande ruptura, a ruptura entre o relacionamento ideal, de um lado, e o ciúme, a ilusão da posse e o hábito, de outro.

Um caso de infidelidade quase não tem importância se acontece num ambiente de felicidade alcoolizada, em qualquer local entre o bar e seja lá o que for. Só pessoas tolas transformam isso, depois de ter sido feridas em seu orgulho, em drama ou até em separação. Depois de uma infidelidade, sempre existe a oportunidade de se corrigir a vida sexual do casal, obviamente insatisfatória.

Mas uma infidelidade cometida com plena consciência pode mudar a vida. Pode ser que aí esteja o parceiro com quem se gostaria de passar o resto da vida. Isso tem menos a ver com sexo e muito mais com harmonia espiritual.

Mas se o parceiro mantiver um *caso* durante meses ou um tempo mais longo, o alarme deveria soar. Mesmo que você descubra tudo por acaso, ou se ele tem a sinceridade e a coragem de lhe confessar tudo, por favor, nada de dramas, repreensões, ataques contra a rival, nada de tentativas de suicídio e outros lances. Essas são ações que criam distância entre você e o seu parceiro que, enfeitiçado pela nova paixão, não tem nada a ver com vibrações negativas. Muito pelo contrário, ele vai afastá-las e considerá-las um ataque maldoso, porque nesse momento não quer nada mais senão estar apaixonado.

Ninguém nesse vasto mundo se apaixona só para machucar o outro. Muito bem, aconteceu, caiu um raio, e agora todos precisam lidar com essa situação nova.

Aceitar ou não uma separação?

Quero lembrar mais uma vez da frase que resume todas as histórias de ciúme: o ciúme não é prova de amor; no máximo, é prova de amor-próprio e egoísmo. Se chegamos a constatar que nosso parceiro encontrou outra pessoa, a dor é especialmente profunda. Essa dor se estende a todas as áreas, começando pelo orgulho ferido e chegando à sensação ameaçadora de ser abandonado.

Uma das possíveis causas para uma separação ou, antes, de uma infidelidade, pode ser a de que você tenha se desenvolvido de forma diferente de seu parceiro. Um dos dois, não importa por que e como, cresceu em uma direção diferente. São evoluções que às vezes se prenunciam bem cedo, mas costuma-se fazer vista grossa. No entanto, apesar de todo o espaço que os dois se permitem mutuamente, é de extrema importância manter um intercâmbio constante, tratando de saber e comunicar em que situação interior e em que fase cada um se encontra no momento. Ainda mais importante é nunca fazermos pouco do outro, quando ele estiver experimentando um novo caminho. "Você e a sua academia de ginástica idiota!" ou "Você acha mesmo que você e seu belo clube de proteção ambiental poderiam evitar uma catástrofe?" são exemplos de frases que podem ser mais do que perigosas para qualquer relacionamento. Se um dos dois deseja seguir um novo rumo, não é por isso que deve distanciar-se do parceiro. Isso, jamais. Pelo contrário, é preciso estar sempre interessado naquilo que está acontecendo, para não ficar literalmente de fora, algum dia.

Já as pequenas alfinetadas e os deboches evidenciam ciúme e insegurança. O outro realiza algo que não conseguimos nem queremos entender por completo; mas nos parece um tanto suspeito e estranho que ele o esteja fazendo sozinho. Sempre me pergunto, nesses casos, por que os dois não começaram isso juntos, desde o princípio.

Mas tudo indica que agora já é tarde. O desenvolvimento, antes conjunto, agora tomou rumos diferentes. A força do hábito matou a relação, as constantes suspeitas por ciúme acabaram deixando o outro tão enervado que finalmente acontece que ele tem outro parceiro.

Quem simplesmente jogar fora um relacionamento de muitos anos por causa disso é um idiota, não importa o grau em que seu amor-próprio foi ferido. O parceiro não se enamorou de outra pessoa só para ferir você, mas porque tem saudades de um amor que obviamente você já não lhe dava mais. Ou talvez porque necessita de variação, ou porque não se sente compreendido por você, ou por qualquer outra razão.

Surge agora a pergunta: deve-se aceitar a nova relação?, o que só pode acontecer no caso de uma separação, e essa costuma ser muito dolorosa. Agora é importante analisar quão significativo o novo relacionamento já é. Trata-se de um deslize ou realmente constitui um novo começo o que seu parceiro está vivendo agora? Fale com ele, sem espumar de raiva, sem criticá-lo, sem se lamentar, e, principalmente, sem falar mal do terceiro.

O conceito de "parceiro de um período de vida", a meu ver, é bastante justificável. Andou-se junto por um período, e em dado momento constata-se que se deu, um ao outro, tudo o que foi possível, e que agora prevalecem a rotina e o hábito. Decide-se, então, seguir o próximo período com outra pessoa. A antiga idéia de "até que a morte os separe" nunca foi tão romântica quanto os romances e os filmes querem nos fazer crer. Ficar juntos, a qualquer preço, como acontecia em épocas passadas, muitas vezes só tinha a ver com a dependência financeira da mulher, que não podia dar-se ao luxo de romper a relação. Se o fizesse, acabaria na miséria. Portanto, era preferível ficarem juntos.

Muitos relacionamentos continuam por um tempo, mesmo que haja uma terceira pessoa envolvida. Às vezes, porém, só para manter as aparências. Não fomos considerados por muito tempo o casal dos sonhos, entre todos os amigos e conhecidos? E agora vamos dar o braço a torcer, admitindo que fracassamos?

As mulheres em geral reagem com mais sensatez do que os homens. Tiveram de constatar, à custa de muita dor, que há outra mulher em jogo, mas em algum momento reencontram o seu equilíbrio. E a partir daí enfrentam a situação mais ou menos ajuizadamente. Bem, exceção feita àquelas mulheres histéricas que destroem o carro ou a moradia de sua rival, que a hostilizam e lhe desejam todo tipo de desgraça e sabe-se lá o que mais. Essas mulheres histéricas vão se dar conta muito rapidamente de que com esse comportamento acabaram colocando o ponto final na sua própria relação. Por mais engraçado que isso possa parecer nas comédias, na vida real não é bem assim. O parceiro se afastará com revolta, mais cedo ou mais tarde.

Os homens reagem de um modo que vai do dramático até o cômico, quando aparece um rival em cena. Sofrem um colapso, como um cervo atingido durante a caça, ao anoitecer, numa cena pitoresca, acompanhada pelos sons de uma orquestra sinfônica que está tocando a canção da morte. "Veja, mulher, veja bem, o que você fez comigo!" Mais ou menos assim...

Os homens são predestinados a queimar fogos de artifício, num curto-circuito emocional, muito mais do que as mulheres. Ficam à espreita do terceiro, prometem-lhe uma tremenda surra, dão um *ultimatum* à namorada ou esposa, "ou ele ou eu, você deve decidir!". Via de regra, acaba por aí. Parabéns, senhor cervo, foi fantástico.

Mas fazer o quê? A dor é profunda, a vida até então vivida entra em crise, especialmente nos relacionamentos de longa data. Quem fica com a casa, quem fica com os peixes? E a torradeira, lembra que a compramos em Veneza? Queridos, não quero ironizar os temores relacionados com a separação, de jeito nenhum, mas eles contêm tanta comicidade que, às vezes, não consigo ficar séria. É que tudo se desenrola seguindo o mesmo padrão, e um padrão bem ridículo.

É importante ficar agüentando, por enquanto, o que não é fácil. Sobretudo, se um fica se atormentando em casa, imaginando o que o parceiro, tão amado até então, pode estar fazendo com o novo amor. Mas só quem tiver a força de esperar até que chegue ao fim a nova fase de "paixão" do parceiro, tem a possibilidade de reconquistá-lo. Em algum momento, o Robin Hood mais temerário voltará a ser o funcionário normal da administração, e a Lady Chatterley mais extravagante será novamente a caixa do supermercado. Sabemos disso por nossa própria experiência, não é mesmo? Então, só resta aguardar.

E eis que chegou o momento de examinar tudo muito bem. Você não ameaçou o seu parceiro infiel com assassinato pérfido, não crucificou nem esquartejou o gato dele, deixou o seu carro intacto e, além disso, vocês continuam falando um com o outro, como pessoas normais o fazem. Bem, e agora? O que é mais importante, a relação nova ou a antiga? Somente uma conversa íntima, a dois, num ambiente sereno, pode esclarecer algo, quando realmente se presta atenção ao outro.

Somente depois dessa conversa a dois vai ser tomada a decisão sobre o futuro da relação. Nada de lamúrias e dramas. Apenas uma conversa objetiva, uma análise. Muitas vezes, recomenda-se, numa conversa dessa envergadura, ter alguém presente, no papel de juiz neutro, o melhor amigo ou a melhor amiga. Melhor ainda seria a presença de um conselheiro matrimonial que não conhecia nem um nem outro dos envolvidos e, portanto, poderá julgar de forma imparcial. Em quase todas as cidades de porte médio, há agências de aconselhamento a casais, casados ou não. Basta dar uma olhada na lista telefônica.

Qual o resultado que se espera ter dessa conversa? No melhor dos casos, a reconciliação. Essa não consiste necessariamente em viver juntos, outra vez, ou voltar ao velho *status quo*. É possível reconciliar-se também de outra maneira, que poderia ser talvez assim: "Reconheço que seu novo parceiro combina muito melhor com você do que eu, e lhe desejo muita felicidade. Tudo de bom para vocês e apareçam lá em casa, os dois, e aí vamos todos sair para comer uma pizza".

Você acha isso utópico, uma ilusão, falta de realismo? Vai ficar admirado, pois já existe esse novo tipo de casal vivendo e sentindo dessa forma. Não são muitos, mas constatei que são cada vez mais numerosos. Eles se orientam por uma velha sabedoria indígena: "Assim como está, está bem." Há um sentido naquilo que aconteceu. Um tal comportamento prova haver muito mais amor do que todas as tentativas forçadas de reconquistar ou segurar o outro.

Somente quem estiver seguro — numa perspectiva absolutamente neutra ou tão objetiva quanto possível numa situação complicada como essa — de que o novo amor não significa nada para o seu (quase) ex, deveria ir à luta.

Volto a repetir, porque considero isso de suma importância: Críticas, apelação e ataques contra o terceiro, maldições, dramas de todo tipo, chegando a tentativas de suicídio, chantagens emocionais, apelo a valores que vocês tiveram ou têm em comum são meios comprovados para se conseguir uma mudança de atitude. Muito pelo contrário, só promovem a separação. Se for a hora de o outro ir embora, ele irá. As mulheres são muito conseqüentes nesse ponto. Com uma paciência de ovelhinhas ficam observando a situação complicada, pelo tempo que lhes for possível e, num certo momento, caem fora dessa relação, com uma intensidade e auto-estima fora de série, sem se importar mais com perdas. Se as mulheres terminaram uma relação, interiormente elas estão prontas mesmo. Sem dó nem piedade, e sem compromissos.

Muitos homens, no entanto, tendem a espertamente buscar saídas mais favoráveis. Tentam uma e outra vez, querem sair-se bem, sem grandes cenas, quase querendo esquivar-se e sair de fininho.

Em ambos os casos, vale a força da razão. Quem conseguir reconhecer que o novo amor combina bem melhor com o seu parceiro, deve deixá-lo sair em paz. É muito difícil admitir isso, já que implica orgulho ferido. Para esses casos, recomendo o rito da despedida que já apresentei.

Mas quem estiver bem seguro de que o novo amor do seu parceiro não combina absolutamente com ele, e quem não for movido por egoísmo, mas tiver chegado a essa conclusão após muita reflexão, também poderá servir-se da caixinha da magia. A seguir, apresento receitas que visam trazer de volta o parceiro "infiel" (embora não goste da palavra infiel, porque não chega ao cerne da questão).

Receitas de feitiço em casos de infidelidade e ciúme

Quem, portanto, estiver seguro de que o terceiro envolvido não é a pessoa certa, mas que se trata antes de um tropeço, de um sinal de alarme ou algo parecido, esse pode agir na área da magia. Mas quem, motivado por egoísmo, desejar recuperar a todo custo o seu parceiro, simplesmente porque não consegue tolerar que ele se sinta atraído por outra pessoa, esse deveria ficar bem longe dos recursos mágicos!

Considerar o terceiro envolvido como inimigo é infantil e não ajuda muito. Você sempre deve ter em mente que tem algo em comum com essa pessoa, ou seja, o amor pelo parceiro. Na sua essência, portanto, esse concorrente nem pode ser tão estranho a você; ao contrário, provavelmente é parecido com você. Afinal de contas, vocês se apaixonaram pela mesma pessoa. Não há espaço para inimizade nesse caso.

Sempre há pessoas ciumentas que me procuram para pedir feitiços que tragam morte e perdição para o seu rival, esperando de mim ritos e truques nesse sentido. É uma expectativa a que naturalmente não posso corresponder. Se quisesse fazê-lo, precisaria entrar na área da magia negra, da qual me mantenho afastada por princípio.

Quanto mais concretamente você proceder contra a terceira pessoa, mais provável é que o seu parceiro a proteja e se mostre solidário com ela. Assim, surge uma união que depois de um tempo se torna indissolúvel. Agindo dessa forma, certamente você se cortará na própria carne. Inveja, raiva e ódio desde sempre são motivos errados para uma ação. Mesmo quem, a curto prazo, obtiver êxito agindo sob essa motivação, algum dia receberá a conta, pelo famoso efeito retroativo. Cada sentimento que emitimos volta para nós, de uma forma ou de outra.

Claro que não é fácil sentir simpatia pela pessoa rival. Com o aparecimento dela, toda a sua vida se agitou e se revolveu. Mas você já se perguntou por que justo agora essa pessoa entrou em sua vida? Pois se o relacionamento com seu parceiro estivesse intacto, ela não teria tido a mínima chance. Ela lhe mostra que está mais do que na hora de você pensar e reorganizar algumas coisas. Pode soar maluco e absurdo, mas na verdade você deveria agradecer a essa pessoa.

Digamos que você decidiu lutar por seu parceiro com a ajuda dos recursos da magia, apesar de todas essas dúvidas. Suponhamos que até o momento você tenha procedido corretamente, sem se envolver em dramas ou tentativas de chantagem ridículas, e que você também tenha sido prudente a ponto de não enviar seu concorrente ao cantinho dos mártires, xingando e combatendo-o. Enfim, que você seja alguém enfrentando o problema com muita consciência.

Para esses casos, escolhi um rito de vodu de Nova Orleans que se estende por sete dias. Naturalmente, há uma razão especial para isso. Meu propósito é que a ocupação com os conteúdos mágicos traga, em primeiro lugar, uma espécie de desvio da atenção e, segundo, alguma serenidade, na medida em que isso for possível nessa situação. Quem ficar correndo por aí e espumando de raiva, como um animal ferido, estragará mais do que poderá reparar depois. O tempo está do seu lado; portanto, fique tranqüilo e sereno.

O melhor seria começar com esse rito no início da lua crescente, para que termine no primeiro dia de lua cheia. Aí terá o melhor efeito.

O rito é dedicado à deusa Gran Zareignee, uma divindade vodu, cujo símbolo é a aranha. Antes de começar, você fará uma oferenda a essa deusa, usando sete feijões brancos secos, colocando-os sobre um prato branco e oferecendo-os à deusa. Sete é o número da vitória.

A seguir, você pinta com tinta de "sangue de pomba" o amuleto da deusa, sobre seda ou pergaminho, o importante é que seja de cor laranja. O amuleto da deusa vodu Gran Zareignee é esse:

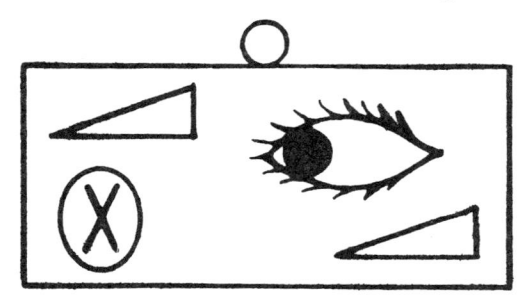

É necessário que o processo de pintura seja lento. Como sempre, você precisa se concentrar em seu parceiro que está andando por outros caminhos e a quem você deseja reconquistar. Ponha toda a sua energia nesse processo de desenho ou pintura.

A seguir, prepare uma defumação, um tanto trabalhosa. Ela também exige concentração dos pensamentos, que devem ser enviados em direção ao parceiro que está navegando em outros mares, mas deveria voltar para você.

Serão necessários os seguintes ingredientes: 1 xícara com pétalas de rosa, 1 colherinha de chá de Oris Powder, 1 colher de chá de sal, 1 colher de chá de lavanda, 1 colher de chá de açúcar vanile, 1 colher de chá de Bayberry-Powder, 1 colher de chá de Anis-Powder, 1 colher de chá de Dragon Blood e 1 colher de chá de Attraction Incense. Você só poderá fazer variações mínimas nas dosagens, de acordo com seu odor preferido. No todo, deveria manter as medidas indicadas. Os ingredientes devem ser todos misturados numa tigela de madeira (!), depois cubra e reserve, por ora.

Compre comprimidos de carvão vegetal (comprimidos básicos para defumações de todo tipo, que podem ser adquiridos em qualquer loja de artigos de feitiçaria), uma vela cor-de-rosa de sete nós, um pedaço pequeno de pergaminho vegetal e um frasquinho com a mistura de óleo para Luv-Luv.

Prepare todo o material antes de iniciar o rito, no primeiro dia da lua crescente. Então comece:

Incendeie um comprimido de defumação, gotejando sobre ele um pouco da mistura preparada. Ao lado, está a vela de sete nós, colocada sobre o pedaço de pergaminho que tem inscrito sete vezes o nome da pessoa amada, de preferência com tinta de "sangue de pomba". Sob a vela, o pergaminho estará bem; não toque nele.

A cada dia, um nó da vela é queimado, e você se concentra no seu intento. É melhor realizar esse rito cada dia à mesma hora. Antes do rito, você toma um banho, tendo acrescentado à água sete gotas de óleo Luv-Luv.

O gasto de energia com este rito é muito grande, e esse é exatamente o seu objetivo. Antes que você cometa qualquer ato anti-social, como fechar a porta do carro da rival com fita adesiva ou propiciar ao seu amado a encenação exagerada de um melodrama de suicídio, é preferível que se ocupe com a força de velas, óleos e defumações. Ainda mais porque envolve forças que, comprovadamente, atuam a seu favor.

Você pode repetir esse rito três vezes, sempre antes da lua cheia. Com isso terá perseverado de forma significativa por três meses, o que corresponde ao tempo de duração normal da fase da "paixão". Se você conseguir transpor com concentração, rezas e ritos esse tempo que o seu parceiro necessita para voltar a raciocinar claramente, você praticamente já terá ganho.

Lembre-se das suas próprias fases de paixão. Nessa fase de vida ninguém está acessível a argumentos racionais. E ninguém vai querer abrir mão do êxtase do novo amor. Se você quiser argumentar com a frase "Ou ela, ou eu. Decida-se, você tem prazo até amanhã", com certeza estará dando um tiro que vai sair pela culatra. Não é só algo que conheço da minha prática, de inúmeros casos, mas é um fato comprovado até pelas estatísticas.

A força necessária para agüentar o problema em toda a sua dimensão também precisa ser extraída de alguma fonte. Muitas vezes, conversas com amigos são muito proveitosas, pois o mais importante, nessa fase, é não mergulhar no isolamento, pois aí, os pensamentos começam a girar em círculo, tornando-se ciclones incontroláveis.

Por outro lado, é melhor esquecer amigos que alegam "Agora já chega. Realmente, você já agüentou o suficiente!" ou que apelam para o seu orgulho em vez de apelarem para o seu amor. O amor não conhece orgulho, e é bom que seja assim.

De um modo geral, a sugestão é a seguinte: levante o tempo e a força que o seu parceiro precisa para voltar ao chão da realidade. No momento da fase apaixonada, ele está pairando em outras dimensões e você não terá nenhuma chance de aproximar-se dele. No máximo, poderia personificar a sua má consciência permanente. Disso você vai se arrepender amargamente. Pois ninguém, nenhuma única pessoa gosta de ouvir lamúrias e críticas.

E todas as fantasias que fazem da sua vida um inferno! Será que os dois estão na cama nesse momento? Estão fazendo exatamente o que nós dois sempre fazíamos, quando o mundo ainda estava em ordem? Estariam experimentando essa ou aquela posição? Talvez estejam conversando sobre mim, enquanto fumam um cigarro depois do sexo.

Liberte-se dessas bobagens. É melhor você pensar em todas as lindas coisas que você viveu com seu parceiro. E agradeça-lhe por isso. Se agora está tomando outros rumos, há um motivo para isso. Esse motivo até pode ter a ver com você. Pois um relacionamento nunca é um travesseiro em que se possa descansar. É algo a ser tratado, cuidado e construído a cada dia. Nunca é demais repetir isso!

Portanto, em caso de ciúme concretamente justificado, procure primeiro relaxar. Defumações e banhos com sálvia e valeriana são muito úteis, nesse caso. Instale-se comodamente em casa, crie um ninho de aconchego. Todo mundo precisa de um ninho assim e, por fim, cada um deve criá-lo sozinho.

O quanto esse ninho será atraente, depende única e exclusivamente de você. Sei de um caso em que, apenas pela questão do ninho, tudo mudou de forma radical na vida dos dois afetados, ou melhor, dos três afetados.

Dois jovens, ele com 28, ela com 27 anos, ambos jornalistas com bons rendimentos, alugaram uma casinha geminada e a decoraram juntos. Ficou realmente bonita, de acordo com as necessidades de ambos, nada de mais nem de menos. Nisso, ela descobre que ele tem um caso e reage como uma Fúria (deusa grega da vingança). Joga tudo pela janela, os móveis que ele trouxe consigo, seus quadros, suas roupas e, especialmente, sua amada coleção de selos; além disso, ela manda trocar, na calada da noite, todas as fechaduras. Depois disso, qualquer comunicação se tornou realmente impossível, apesar de que ele, finda a fase da paixão, gostaria de ter voltado à sua companheira anterior. Mas, depois dessa ação fulminante, já não havia mais volta. Então, contente pelo prejuízo da outra, a rival conseguiu atrair para si o homem "à deriva" que, por sua vez, estava muito satisfeito por reaver um ninho.

Concentração e rezas, talvez até combinadas com pequenos ritos, teriam trazido um efeito infinitamente mais favorável do que esse rompante maluco. Entrementes, os dois admitem isso; ambos continuam acreditando que, na verdade, tinham vivido uma parceria ideal. Pelo menos, já estão se relacionando outra vez como amigos, o que me alegra muito.

Há muitas sabedorias de feiticeira que, em caso de ciúme concreto, podem interferir e corrigir o rumo. Eu nem gostaria de enumerá-las e divulgá-las. É que na maioria dos casos que envolvem ciúme, trata-se de mero egoísmo; de querer ter razão, pura e simplesmente; de lutas por poder, as quais não desejo apoiar. A gana pelo poder sempre tem algo a ver com magia negra, uma área da magia que por princípio não quero comentar.

Se o rito de sete dias que lhe apresentei neste capítulo não fizer efeito, e se você não tiver a paciência de esperar que a fase da "paixão" do seu parceiro, com duração de três meses e infelizmente relacionada com outra pessoa, termine, nesse caso você precisa familiarizar-se com a idéia da separação, futura ou já concretizada. Isso não é nada fácil, eu sei disso, mas não há outra possibilidade.

Deixe o seu ex-parceiro ir em paz, deseje a ele e à sua nova relação o melhor possível, e faça isso sem ódio nem raiva. Agradeça-lhe pelo tempo lindo, e separem-se pacificamente. Tudo mais é bobagem que, algum dia, lhe trará problemas.

O êxtase do sexo

Em cada relacionamento experimenta-se, na fase inicial, um tempo de prazer desenfreado. Não se pode deixar de estar junto do outro, pensar nele dia e noite; adoraríamos ficar com ele na cama as vinte e quatro horas do dia. Quase tudo se reduz ao sexo. Isso acontece ainda mais se antes do início desse relacionamento houve uma fase mais prolongada de abstinência sexual.

O êxtase do sexo não é definido somente por desejo insaciável, mas também pela incapacidade de se pensar logicamente. Por isso, é possível que se cometam erros graves nessa fase, com conseqüências amargas. Portanto, cuidado!

O pior de todos os erros é considerar e valorizar o êxtase inicial de sexo como uma prova de que o novo amor está funcionando: "Se nos damos bem na cama, vamos nos dar bem no dia-a-dia". Naturalmente, não é bem assim. Pois quando pouco a pouco esse estado de embriaguez sexual, bastante normal, perde a sua intensidade, o que acontece depois de três a quatro meses, isso muitas vezes é considerado um sinal de que o amor está diminuindo. Pode chegar a ser um problema e, muitas vezes, leva a novos esforços para se avivar aquele êxtase, mesmo que no fundo nem se sinta mais toda aquela paixão um pelo outro.

O sexo se torna um exercício por obrigação. E problemas não expressos rondam o casal; eles deveriam ser logo resolvidos com novos esforços na área sexual. Mas ninguém consegue acabar com problemas só transando; isso não funciona mesmo.

Depois dos primeiros fogos de artifício sexuais vai-se decidir se o relacionamento novo pode ter duração, se há o desejo de compartilhar algo além de líquidos fisiológicos com o outro. Quem é sensato, já se previne na fase do encanto sexual, tratando de criar coisas em comum, fora da cama dos prazeres sexuais. Podem ser *hobbies* e atividades em comum e, principalmente, conversas profundas que não tratem só "daquilo".

Se o ardor sexual se estender para além da fase de mútuo conhecimento e exploração do novo, ou seja, se passar de três ou quatro meses, é preciso ter cuidado. Pode muito bem ser que haja distúrbios neuróticos, que é preciso analisar a fundo.

Sexo em demasia também não traz felicidade — exemplos práticos

Se, a seguir, estarei usando a expressão "êxtase sexual", quero com isso omitir expressamente o impulso que existe na fase do descobrimento mútuo, pois nessa fase o êxtase é algo normal. Mas se numa relação tudo continuar girando em torno do sexo, depois de passados três ou quatro meses, algo está errado.

O casal mais famoso que viveu assim, desenfreadamente, foi o formado pelos famosos atores Liz Taylor e Richard Burton. Viviam se separando e se juntando, simplesmente porque estavam sexualmente viciados um no outro. No entanto, as inúmeras separações expressam claramente que o sexo por si só é muito pouco para formar a base de um relacionamento.

O delírio sexual, passada a fase da "paixão", pode ser indício de muita coisa: de ciúme, de uma busca constante de ter mais, de vício e transferência de vício, de insegurança e de gana de possuir. Tudo isso pode soar muito abstrato, nesse momento, por isso quero ilustrar essa tese com exemplos de minha prática de aconselhamento.

Liesbeth C., 45 anos, está casada há 26 anos com o mesmo homem, três anos mais velho do que ela. Esse homem, que vou chamar de Markus, não fala de nada além de sexo; às vezes com humor, outras vezes com gana, mas constante e incisivamente. O que mais gostaria de fazer é transar três vezes ao dia com sua Liesbeth, pela manhã, ao meio-dia, à noite. "Que mulher feliz", imagino um e outro dizerem agora, "ser tão desejada, depois de quase trinta anos. Que poderia haver de melhor para ela?" Nada disso. Liesbeth está com os nervos à flor da pele. Ela tem até medo de voltar para casa, porque sabe muito bem o que vai acontecer. Seu marido a assalta como um animal selvagem, naturalmente sem o mínimo de romantismo ou até erotismo; é só sexo pelo sexo. Quando se analisa melhor o caso, fica evidente o que está ocorrendo. Markus, alcoólatra abstêmio há alguns anos, transferiu o seu vício da bebida para o sexo. Recomendei-lhe uma nova terapia antivício, pois a outra aparentemente não funcionou bem.

Aliás, álcool e drogas desempenham, no sexo, um papel muito mais freqüente do que imaginamos. Um músico famoso, que vou chamar de Konrad K., 49 anos, só conseguia manter relações sexuais quando estava dopado com cocaína. Uma das grandes desvantagens da cocaína combinada com sexo é que não se chega ao orgasmo. E, se acontecer, é um orgasmo muito doloroso, que não traz satisfação. Portanto, Konrad estava sempre à busca da grande redenção, intimidando todas as namoradas com sua gana sem limites. Depois de um tratamento médico para livrar-se do vício, tudo ficou melhor.

Teresa L., 28, é uma latino-americana muito atraente, além de ser uma *designer* bem-sucedida. Seu marido, Bernhard L., 31, adoraria transar com ela cinco vezes ao dia, o que, entretanto, está deixando Teresa bastante irritada, pois, além do sexo, parece não haver nada em comum entre os dois. Sua gana, como ficou evidente durante o aconselhamento, baseia-se em dois pontos muito distintos: primeiro, ele queria marcar o seu território permanentemente, provando a si mesmo e aos demais que Teresa era só dele. Queria cansar Teresa a ponto de ela não ter mais forças para olhar para outros homens. Segundo, ele na verdade amava — platonicamente — outra mulher, que já conhecia há anos. A combinação das duas provavelmente teria sido a mulher ideal, portanto, ele precisava agir com força redobrada.

O delírio sexual excessivo também existe entre mulheres. "Antes que alguma outra mulher tenha o meu marido, mesmo que seja só por uma noite, ele precisa morrer". Sabine P., 45, dizia essa frase com tanta seriedade e tantas vezes que cheguei a ficar com receio. O mais incrível é que ela tomava essa atitude por amor. Até hoje não pude convencê-la de que, na verdade, ela é uma tremenda egoísta que a cada noite não faz nada além de defender o seu colchão de carne e sangue. Até o momento, o marido tem suportado tudo. Mas, na minha opinião, a separação não tardará.

Bernd K., 38, DJ, não tem atrativos especiais, nem é um cara muito divertido ou galante, e tem até um leve lábio leporino. Mas é *disk jockey*, o homem atrás dos aparelhos de CD, que tem poder. E dispõe de um ótimo gosto musical que sempre lhe traz muito cartaz. Ninguém tem à mão, com maior rapidez, os discos mais novos e mais estridentes do que Bernd. Ele estimula novas tendências e modismos, além de ser um mulherengo. "Esse deflora uma a cada noite", dizem seus amigos, e não estão muito longe da verdade com essa avaliação. Bernd fez da transa indistinta um esporte. Ele cuida para que o maior número possível de pessoas fique sabendo quando tem outro peixe preso no seu anzol. Isso aumenta sua auto-estima. Na verdade, Bernd sofre de um grande complexo de inferioridade. O delírio sexual encenado por ele mesmo deveria libertá-lo desse complexo, o que naturalmente não acontece. Ele necessita, e muito, de uma terapia.

A permanência do êxtase sexual depois da fase da "paixão" a princípio não apresenta problema, se ambos os parceiros o desejarem. No entanto, no momento em que um deles começar a sofrer, precisa haver um fim, imediatamente, não do relacionamento, mas do sexo sem medidas. É um fato que vale para todo tipo de sexo. Pode-se fazer de tudo juntos, desde que ambos apreciem. Mas quem tentar aumentar o delírio sexual, vai comer o pão que o diabo amassou.

Aumentar o êxtase sexual?

O que define qualquer tipo de êxtase é o fato de a dose da droga precisar ser aumentada muito rapidamente para dar efeito. Caso contrário, não se experimentará o êxtase em si como uma vertigem feliz, mas como um hábito previsível. Isso acontece com o álcool, com a heroína, com a comida — e também com o sexo.

A pessoa obcecada por sexo percebe muito rapidamente quando o parceiro não acompanha o seu passo. Mas pacientes viciados em sexo — e estou usando a palavra "paciente" de forma bastante consciente — muitas vezes acham que só precisam tornar o sexo mais atraente e logo se estará de bem com a vida outra vez. Nisso, nunca constatam o que é atraente para *ambos* os parceiros. Nunca houve uma conversa a respeito. Caso tenha havido um princípio de conversa, ela foi logo sufocada. O paciente interpreta o fato de que o seu parceiro vai para a cama com ele como consentimento. Mas quantas vezes ela o acompanhou só para manter a paz entre o casal não é questionado em nenhum momento.

Agora o paciente entra numa fase em que a situação fica realmente perigosa. Surpreende o parceiro com pequenos exageros. No início, pode até ser um jogo sem conseqüências, como atar o outro, mas no fim torna-se uma perversão que o outro já não considera *sexy*, mas pura e simplesmente repugnante. Segundo a minha experiência, esse é o fim de qualquer relação.

Portanto, recomendo e insisto em que cada mudança e incremento do comportamento sexual, em qualquer direção, sejam equilibrados com muito cuidado e, na medida do possível, praticados somente depois de haver um consenso entre ambos. Caso contrário, tudo acaba muito rapidamente no campo das perversões de mau gosto, fora de qualquer controle.

Diminuir o êxtase sexual?

Sempre que um dos parceiros se sentir exigido demais ou atropelado pelas necessidades sexuais do outro, está na hora de se ter uma conversa franca. Em que estou errando? O que é que eu poderia mudar ou melhorar? Nessa conversa, os dois parceiros não podem poupar o outro em nada, mesmo que seja muito desgastante. O que se necessita, nesse momento, é a verdade, nada além da verdade.

É claro que uma conversa que visa o esclarecimento, eventualmente poderá se tornar traumática; afinal de contas, o parceiro não está satisfeito com o sexo que lhe é oferecido. Mas só os tolos reagem a uma crítica autêntica com contra-ataques ou com uma retirada estratégica.

Apesar disso, e por ser o sexo um tema sensível, é aconselhável que a crítica sempre venha acompanhada de elogio. Algo como:

"Ontem à noite, foi muito violento e selvagem para mim. Mas na semana retrasada, lembra? — no sábado, depois do banho, aquilo foi tão doce e tão erótico! Gostaria de ter isso mais vezes".

Se ficar evidente que um dos parceiros deseja ter menos sexo, está mais do que na hora de o outro diminuir seu apetite sexual. É mais fácil dizê-lo do que pôr em prática, eu sei. Êxtase é êxtase, afinal de contas. Um banho diário, à base de erva-cidreira ou lúpulo, pode ser bem útil. E se o banho terminar com uma masturbação muito gentil, ninguém poderá achar ruim.

Muito mais importante, porém, é descobrir a causa do êxtase ou vício sexual. Já falei das possíveis causas. Será que quero impressionar, marcar o meu território, quero combater meu complexo de inferioridade ou quero usar o sexo para safar-me de um relacionamento verdadeiro com discussões espirituais? Talvez eu tenha um problema de saúde, estou viciado naquele embalo permanente?

É preciso distinguir muito bem entre amor e sexo. Sexo não é amor, e amor não é sexo. Foram nossa educação e nossa cultura que confundiram os dois conceitos. Por favor, não se deixe enganar. Aprenda a distinguir entre esses dois fenômenos.

O sexo nem sequer é a chave do amor. Por exemplo, é possível que se tenha um sexo maravilhoso com alguém que jamais se vai amar. Isso é assim, mesmo que soe nada romântico. Por que tantos homens freqüentam bordéis? Eles compram o sexo que em casa não podem ter. Por que, mesmo assim, nunca vão deixar a esposa? Porque simplesmente não conseguem amar a prostituta. E porque querem permanecer junto da mulher que amam. Às vezes também porque querem preservar uma situação que se tornou familiar e porque temem uma cena e o divórcio. Mas isso já é outra história.

O sexo em si já tem algo de especial. A pessoa se mostra desnuda, desprotegida, regida pelos instintos e muito íntimo. Reduz-se ao reino dos instintos. Por isso, é esse o ponto de partida para a maioria dos dramas motivados por ciúme. A gente quer ter só para si esse setor íntimo compartilhado com o parceiro. A mera idéia de que outra pessoa possa tê-lo assim desnudo, desprotegido, regido pelos instintos e muito íntimo, nos deixa enlouquecidos de ciúme. Algumas pessoas até imaginam com precisão de detalhes o que pode estar acontecendo no momento da infidelidade. E dessa forma atormentam-se a si mesmos.

A sexualidade a dois precisa ser vivida conscientemente, pelo menos se está no contexto de um relacionamento do qual se espere estabilidade. Cada monstro do sexo, hiperativo, precisa relaxar e procurar outros valores além do orgasmo, caso o seu parceiro tenha uma queixa. Se for necessária a ajuda de um terapeuta, não se deveria temer usar esse recurso. Caso contrário, a relação pode acabar, e bem mais rapidamente do que se imagina.

Magia sexual segundo Crowley

Há certas palavras na linguagem atual que, pelo uso constante ao longo do tempo, são mal interpretadas e, portanto, usadas erradamente. Por exemplo, a palavra depressão. Toda pessoa que está de mau humor, afirma estar depressiva ou sofrendo de depressão. No entanto, a depressão é um quadro bem definido, de uma doença muito séria.

Algo parecido acontece com a palavra magia. Quem experimenta algo muito bom, afirma levianamente ter passado por "momentos mágicos". Por toda parte podem ser comprados os tais momentos mágicos, na propaganda de livros e filmes, na publicidade de perfumes e chocolates. Mas um filme bonito ainda está longe de ser mágico, ainda mais uma barra de chocolate, por gostosa que seja...

Se alguém falar de momentos mágicos em relação à experiência do sexo, o termo também está bastante desgastado e é usado, portanto, de forma leviana e exagerada. É bem possível que com o parceiro novo se consiga chegar a uma harmonia tal em termos de sexo que ele possa parecer mágico. Naturalmente ainda estará longe de sê-lo. Só é especialmente bom e ainda não se conheceu algo assim antes. A propósito, meus parabéns por isso!

No entanto, existe o que chamamos de magia sexual. Com isso, não estou me referindo a todos aqueles pequenos recursos de apoio, que já apresentei em parte, mas a um ato mágico concreto, apoiado e até suportado pela energia liberada no ato sexual. Já escrevi sobre esse fenômeno da magia no meu livro *Weisse Magie, Schwarze Magie, Satanismus* [Magia branca, magia negra, satanismo].

Todos os magos que se ocupam com magia sexual partem do seguinte princípio: a energia liberada pela sexualidade deve ser usada em vez de ser percebida como satisfação. Um exemplo bem simples: quando alguém experimenta um orgasmo e não pensa no seu parceiro ou no prazer que acaba de sentir, mas digamos em sucesso profissional ou em dinheiro, está agindo de acordo com a magia sexual.

Aqui chegamos ao princípio do pensamento de Alister Crowley, que viveu de 1875 a 1947. Era original de Plymouth, na Inglaterra, e cresceu num lar estritamente religioso. Os Crowleys eram *quakers*, e o livro mais importante para eles foi a Bíblia. Também o pequeno Alister foi constantemente confrontado com a Bíblia, sentindo-se mais do que incomodado com isso. Até que finalmente conseguiu sentir prazer com todas as partes da Bíblia que tratam de acontecimentos bastante cruéis. Em dado momento deixou-se atrair pelo Apocalipse, a descrição do fim do mundo.

Já escrevi muito sobre Crowley, todos podem ler isso nos meus livros. Então segue aqui somente um breve resumo: na juventude, Crowley se dedicou ao satanismo; percebeu a si mesmo como a Besta do Apocalipse, seu número simbólico era o 666 e não tinha medo de experimentos e ritos dos mais atrozes. Alimentar um esqueleto com um fígado ensangüentado, por exemplo, era uma das suas práticas mais inofensivas. Mais tarde, porém, Crowley deu as costas ao culto satânico e dedicou-se inteiramente à magia branca, portanto, à magia boa. Muitos satanistas superficiais não querem reconhecer isso e continuam vendo nele o seu grande modelo.

O pano de fundo para os anos dramáticos da juventude de Crowley e suas conseqüências com certeza foi o lar hipocritamente beato de seus pais. Certa vez, a mãe o acusou de ser o Anticristo; portanto, o diabo em pessoa. Isso deve ter impressionado e assustado incrivelmente o adolescente, com seu caráter jovem e influenciável, até que acabou incorporando o papel que a mãe histérica lhe atribuiu.

Mesmo que a reputação de Crowley continue marcada por sua obra na juventude, precisamos reconhecer nele o grande mago que veio a ser. Seus experimentos e resultados foram sensacionais.

Mas o que ele praticou no âmbito da magia sexual pertence à sua fase repugnante de *Sturm und Drang* (tempestade e ímpeto), portanto, o seu período de magia negra na juventude. Buscou parceiras sexuais sem o mínimo de atrativo, às vezes através de anúncios em jornais ou também em bordéis baratos; entre elas, havia mulheres doentes ou com alguma deficiência. Dá para supor que, dessa maneira, ele queria se concentrar meramente na energia liberada no ato sexual. Registrava tudo detalhada e minuciosamente, relações sexuais quando e com quem, por quanto tempo, com que intenção mágica, se o objetivo foi alcançado ou não. Uma atitude extremamente repugnante que desprezava seres humanos.

O sexo ritual já existe desde os tempos primitivos. Na Europa do século II, duas seitas, a carpocratiana e a fibionita, copiaram em parte o tantrismo oriental e praticaram magia sexual. O sacerdote e uma "eleita" copulavam publicamente sobre um altar e, muitas vezes, chegava a haver orgias em massa. Tudo estava sob o signo e o propósito de querer agradar às potências divinas. Hoje em dia, existem experimentos com sexo em diversas ordens, melhor dito, lojas; entre outros, chamam-se O.T.O., Astrum Argenteum ou Fraternitas Saturni. Não quero fazer propaganda delas. E como sempre, pessoas que não regulam muito bem chegam às manchetes, também na Alemanha. Até no Allgäu, uma região bem comportada, no início de 2001, uma mulher que se desligou de uma dessas seitas apresentou o seu relato à mídia e causou um grande escândalo.

Pode-se achar tudo isso confuso e perigoso, o que, aliás, também é a minha opinião, como mais tarde vou detalhar. Mas a reflexão básica para a magia sexual é bem correta. Em cada evento esportivo, em cada concerto de rock ou cada convenção política é liberada grande quantidade de energia, na interação entre os atores e o público. Não se pode medi-la, mas todos sabemos que um time de futebol, quando incentivado, joga melhor. E sabemos também que na interação que existe entre estrelas do rock e seu público pode haver uma liberação de forças imensa. Portanto, por que não aproveitar as energias liberadas no ato sexual e orientá-las para um alvo? Eis a resposta.

A negação da magia sexual

Onde começa e onde termina a magia sexual? Um rito de vodu que envolve uma oferenda de esperma já não é um ato de magia sexual? E será que eu, ao apresentar um rito desses, também não apóio a magia sexual?

Certamente que não. Pois você continua numa oferenda que é realizada consigo mesmo — e em que fica também a seu critério recusar-se a realizá-la — no domínio dos seus sentidos. Não há ninguém que possa levá-lo a uma situação em que você perca a sua dignidade ou até seja forçado a fazer algo que no fundo não quer. Justamente de várias pessoas que abandonaram seitas de magia negra é que sabemos que elas sofreram de abuso sexual. A situação excepcional, talvez intensificada pela dinâmica do grupo e por drogas, foi que as despojou dos seus sentidos, em um momento em que estavam muito fracas para defender-se. A conseqüência disso muitas vezes são distúrbios psíquicos graves, em forma de sentimentos de culpa e de depressões que chegam ao suicídio.

Todos os grupos que praticam a magia sexual precisam enfrentar a suspeita de que a eles importa mais a satisfação de perversões do que os conteúdos mágicos. Não é por acaso que esses grupos se tornam pontos de encontro para estupradores e pedófilos. E o mal feito justamente a crianças, através de abusos sexuais — não importa que o criminoso justifique tais abusos como magia ou não — é mais do que assustador e repugnante, merecendo ser condenado moralmente da forma mais profunda.

Já devido aos efeitos anti-sociais de magos sexuais, como eles se autodenominam, esse campo deve ser amplamente evitado. Um agravante é que hoje em dia nem há mais razão sequer para tentar ocupar-se com magia sexual. Uma variação da ioga, o *kundalini*, em que se estimula o nervo lombar, de forma semelhante ao que se faz no ato sexual, é bem mais eficaz do que todas as variações da magia sexual, cujo efeitos, além do mais, não podem ser comprovados e que, portanto, são duvidosos.

Apesar disso, também o *kundalini* precisa ser tratado com o máximo de cuidado. É necessário que alguém tenha se ocupado por um tempo maior com ioga e adquirido bastante experiência nesse campo, senão poderá cometer erros graves, prejudicando profundamente a saúde do cliente. Um mago iniciado que seja ao mesmo tempo um instrutor de ioga poderá fornecer-lhe instruções e informações importantes.

Bem, isso já é o suficiente quanto à magia sexual. É claro que você esperava de mim, uma feiticeira, um depoimento sobre esse assunto, já que se diz que, na França, teria existido um grupo de feiticeiras atuando nesse sentido. Mas, em primeiro lugar, não há prova histórica da existência desse grupo e, em segundo lugar, todas as orgias devassas, combinadas com festas de bruxas etc., não são nada mais do que o produto enfermiço de cérebros doentios, isso eu posso garantir.

Portanto, deixemos a magia sexual ser magia sexual, deixando-a de lado, pois não é o tema central deste livro. Quero voltar aos pequenos momentos mágicos. E para que eu não caia na minha própria armadilha, já que poucas páginas antes denunciei o uso exagerado e equivocado da palavra "mágico", vamos falar, daqui por diante, só de momentos "encantados".

Você e o seu parceiro ou parceira podem encantar ou enfeitiçar um ao outro, realmente, isso lhes asseguro. Sem abracadabra, mas com pequenas atenções, com a ajuda de óleos, pratos saborosos, bebidas seletas, perfumes sedutores, velas bonitas e de efeito sensibilizador, e muito mais. E podem enfeitiçar principalmente com atenção. Atenção que começa com boa educação e consideração, passando por mimos e que deveria culminar em apreço e respeito mútuos. Quem proceder de acordo com esse padrão bem simples e convincente, mesmo que soe antiquado e banal, já terá feito mais para encantar do que a maioria dos casais hoje em dia faz.

Não é de admirar que tantos relacionamentos, nos tempos agitados de hoje, literalmente "adormeçam". Mas há como reverter isso, usando-se o bom senso e pequenos recursos mágicos de apoio, para que você não se esqueça de enfeitiçar e encantar.

Reativar um relacionamento "adormecido"

Já falamos antes o que você pode fazer, quando a força do hábito está ameaçando acabar de vez com um relacionamento. De repente, aquilo que no início foi excitante e novo tornou-se bem conhecido e familiar: o sorriso, um hobby exótico, a vontade espontânea de sair à noite, o sexo. Pude dar-lhe algumas dicas de como é possível driblar o hábito.

Porém, muito pior do que a força do hábito é a paralisação. Quando se trata de hábitos, pelo menos algo ainda está acontecendo, se bem que de forma estereotipada, intercambiável e repetível. Mas ainda há algo se movendo na interação entre os parceiros, enquanto que na paralisação nada mais se move. Costumo chamar um relacionamento desse tipo de "relacionamento adormecido".

Você sabe exatamente a que me refiro. A vida segue um padrão permanente e fixo. "Papai" vai para o trabalho de manhã e a "mamãe" cozinha alguma coisa mais ou menos gostosa. Beijinho na saída de casa, beijinho na volta para casa. Papai atira-se à frente da TV, assiste ao show do esporte. Mamãe quer contar ao papai dos problemas que teve com o cachorro dos vizinhos, mas papai se sente incomodado, quer ter o sossego dele. Papai está usando seu moleton confortável, mamãe tem bobes no cabelo. Uma visão familiar, de ambos os lados. Se algo mudasse, os dois levariam um tremendo susto. O papai ainda dá ração ao passarinho, pois é tarefa dele. Mamãe lava a louça depois do jantar. Segue um programa de TV; enquanto isso, mamãe conserta as meias. Cada vez que ela tenta conversar com papai, leva bronca. Ele mostra com seus resmungos que deseja ficar sossegado e que o televisor é mais importante do que a sua mulher. Em algum momento, os dois se arrastam para a cama. Beijinho na bochecha, boa noite. Durma bem. Mamãe se vira para a esquerda, papai se vira para a direita.

E tudo isso, dia após dia, mês após mês, ano após ano. Nenhum alvoroço, nenhuma agitação, nada de dramas de ciúme, sem altos nem baixos memoráveis. Bem, alguns pontos altos ou algo parecido, talvez uma relação sexual a cada três ou quatro semanas, bem familiar. Um, dois, três, cheguemos aos *finalmentes*, você sempre gostou desse jeito, entra e sai, e pronto. Depois, roncos. Coisa de cinco minutos, afinal de contas, não vamos exagerar, não é?

Férias, sempre na Grécia, há oito anos. O hotel simpático onde sempre nos hospedamos. Pelo menos a relação custo-benefício está bem e sabemos com quem estamos lidando, aqui. E a família Müller, certamente vai estar lá de novo; que bom, assim podemos nos reunir para jogar cartas outra vez. Sempre foi tão agradável.

As prestações da casa própria estão quase pagas, idem para o carro, e no ano que vem papai certamente vai ganhar um aumento salarial; está mais do que na hora. Os filhos já saíram de casa, mas voltam todo ano para buscar seus presentes de Natal. Está bem assim; provavelmente deve ser assim. O principal é que eles tenham tomado um rumo decente. O Peter tem um cargo importante numa daquelas empresas de computação, a Monika vai abrir o seu próprio salão de beleza. Papai e mamãe têm orgulho deles.

Realmente, é necessário que eu continue nessa minha descrição de um relacionamento adormecido? Acho que já ficou claro. Todos sabem a que me refiro.

Mas o que acontece se um dos parceiros — ou talvez ambos — já não se contenta com essa situação? Quando se sente mal e traído em relação à própria vida? Ou quando se irrita, se rebela, querendo mudar algo?

Procurando pelas causas

Um relacionamento adormecido, como acabo de descrever, foi considerado "normal" por gerações inteiras. Portanto, não havia do que se queixar, caso um matrimônio ou um relacionamento tivesse desviado o seu rumo para uma situação desse tipo; era preciso aceitá-lo como inevitável. Nem havia como se separar, pois na maioria das vezes ambos os parceiros estavam dependendo financeiramente um do outro. A mulher, pelo menos, dependia. E o paxá lá em casa gostava disso, mais ou menos. Pelo amor de Deus, nada de separação! O que poderiam pensar vizinhos, amigos e os nossos pais? Seria uma vergonha!

Isso mudou. Hoje em dia, entre muitos casais, ambos têm renda própria, o mundo está esclarecido e sabe de seus problemas. O que pais e vizinhos diriam, já não faz muita diferença. O lema é a "realização de cada um"; à primeira vista, não há nada de errado nisso. Basta uma infidelidade tórrida ou um caso extraconjugal vivido por um dos parceiros, e logo tudo estará terminado, sobrando os cacos de um relacionamento.

Basicamente recomendo a todos os parceiros "adormecidos" que entrem em ação antes do aparecimento de um misterioso terceiro, e esse virá, tão seguro quanto é o "amém" na igreja. Pois a maioria dos parceiros "adormecidos" não consegue enxergar num caso amoroso com outra pessoa uma chance para recomeçar; obviamente, a tendência será ter reações exageradas, que acabam provocando uma separação. É surpreendente a maneira mesquinha e reacionária pela qual muitos "traídos" costumam reagir, logo em nosso tempo, supostamente tão esclarecido.

Quem de alguma forma não se sentir bem em seu relacionamento, muito ou pouco exigido, entediado ou aborrecido, precisa entrar em ação. É disso que trata este capítulo. E precisa agir com muita rapidez e com método. O mais importante, nesse caso, é a sinceridade diante de si mesmo. Uma boa amiga e um bom amigo só podem ajudar até certo ponto. O trabalho principal, porém, está a cargo de um exame de consciência muito íntimo.

Que terrível se nesse exame logo se põe a culpa nos outros! Algo ainda não claramente definido está mal nesse relacionamento, e prontamente aquele parceiro que está em processo de despertar, vem correndo à minha loja de feitiçaria, exigindo um rito para que tudo volte aos seus eixos. Ou quer que se ponham as cartas, que se ponha o pêndulo em movimento ou se comparem os horóscopos para ver se a pessoa com quem ele vive há anos realmente é a pessoa certa. É claro que isso pode ser feito. Mas sejamos sinceros, como poderia eu, a feiticeira, tendo à mão apenas nome e data de nascimento daquele outro parceiro ainda "adormecido", e na melhor das hipóteses também uma foto dele, como poderia ter à disposição uma solução pronta, numa única consulta? Naturalmente as cartas, a numerologia ou também o pêndulo oferecem certo tipo de informação. Mas quem poderia dar uma informação melhor e mais detalhada a respeito de uma pessoa senão aquele que há anos convive com ela?

Portanto, você mesmo deve procurar as causas pelas quais seu relacionamento acabou adormecendo, por mais que doa. Tome uma folha de papel, dobre-a no meio e escreva à esquerda todos os pontos positivos e, à direita, todos os pontos negativos dessa sua relação.

Tome cuidado para que ninguém o interrompa. Desligue a campainha e o telefone. Antes disso, realize uma defumação de limpeza com sálvia em sua casa e ponha umas gotinhas da mistura de óleos Adam & Eve sobre a folha em que vai escrever. E passe a escrever, com sinceridade, sem qualquer compromisso. Você já fez compromissos que chega, ao longo de todos esses anos.

Ter uma conversa construtiva com o outro

Abaixo, você tem à mão uma folha em que, à esquerda, está tudo o que lhe agrada na sua relação e, à direita, tudo o que lhe traz dificuldades. Veja um exemplo de uma lista dessas:

POSITIVO	NEGATIVO
aconchego	sexo sem graça
prestígio social	sem questionamento, muito natural
ele tem humor	ele ronca
a casa	sinto-me presa
belas festas	férias chatas
o carro	falta dinheiro
o cachorro	ele nunca lhe dá de comer

... et cetera. Não quero lhe sugerir idéias nem dar quaisquer amostras para você pôr em prática. Simplesmente, comece a escrever, sem inibições. Não importa se você necessita de uma segunda ou terceira folha.

Quando a sua lista de positivo/negativo estiver pronta, já verá para que lado tende a sua relação. Certamente haverá mais termos num dos dois lados, e isso significa que lhe ocorreram mais pontos a favor ou contra o seu relacionamento. Mas isso ainda não é nenhum indicativo quanto ao futuro. Portanto, de maneira nenhuma considere essa lista um oráculo. Ela só vai ajudá-lo a analisar a situação, considerar ponto por ponto, ocupando-se de cada um deles.

Depois, comente-os com seu parceiro. Antes de mais nada, você precisa conseguir convencê-lo a fazer o mesmo, preparando uma lista da perspectiva dele. Não aceite nenhum pretexto ou argumento do outro para se esquivar desse trabalho. Insista para que ele o faça!

Agora, tendo à mão as duas listas, prepare um ambiente solene para o momento da revelação. Acenda velas cor-de-rosa, toque música instrumental suave. E agora vocês lêem um para o outro os seus respectivos pontos positivos e negativos. Quem estiver lendo, também poderá dar a explicação de algum ponto. Porém, o parceiro não poderá relativizar nem contra-argumentar, só lhe é permitido escutar. Isso vai acontecer alternadamente. De maneira alguma pode surgir uma discussão, pois essa poderia terminar em teimosia, sentimentos feridos e até em agressão!

Depois de cada parceiro ter lido o que lhe ocorreu quanto à relação existente, o ato de escutar pode ser concluído com um pequeno rito de reconciliação: pode ser um beijinho no rosto ou um abraço. É que, geralmente, depois de uma conversa dessas, um dos parceiros acabará sentindo-se machucado. E costuma ser aquele que gosta do estado atual, gosta das coisas como estão e que se surpreende com todos os pontos negativos da lista feita pelo outro. Logo, é preciso confortá-lo e mimá-lo um pouco. Talvez com um banho calmante à base de valeriana ou camomila. Ou com um jantar delicioso (tipo salada com pétalas de rosa). Mas antes disso, os dois devem ter-se prometido que, a partir desse momento, por hoje, já não se falará dessas listas.

Somente com a lua cheia seguinte volta-se a falar no assunto. É um momento em que as energias fluem especialmente fortes. Aí, sim, cada um poderá expressar o que ficou acumulado dentro dele nesse período de reflexão, quanto à lista do outro. Deveria haver um espaço de tempo mínimo entre o intercâmbio de listas e a próxima fase de lua cheia. Faça desse momento também um momento um tanto solene. Arrume a casa, ou programem ir a um restaurante chique, ou encontrem-se à luz de velas cor-de-rosa, ambos com roupas bonitas, num jantar agradável e leve que não sobrecarregue o corpo.

Comecem essa conversa lembrando episódios agradáveis de seu tempo de namoro e paixão. "Você lembra como naquela época a gente quase levou um tombo num passeio, porque nos beijávamos as 24 horas do dia?" "Lembra aquele gerente bacana de hotel, lá no Marrocos, que tentou nos explicar com todo tipo de gestos que não deveríamos fazer tanto barulho durante o sexo?" e assim por diante. Um começo desses cria um clima de harmonia e aumenta a chance de terem uma conversa conciliadora.

Bem, agora vamos ao ponto, item por item. É condição essencial que em nenhum momento, por nenhum dos dois, seja proferida qualquer ofensa. Cada ponto precisa ser formulado positivamente. Portanto, não se diz jamais "O que está acontecendo na cama conosco, é uma droga!" Em vez disso, poderia soar assim: "Eu queria tanto que tivéssemos outra vez aquele sexo que tínhamos nas férias no Marrocos". Dou outro exemplo, já que é preciso treinar esse padrão de comportamento e formulação. Nunca se pode dizer: "Você ficou tão negligente no decorrer dos anos", mas em vez disso: "As flores que você me deu quando fiz 40 anos, foram as mais belas de toda a minha vida".

Admito que a conversa nesses termos e numa situação dessas não é fácil. Também as regras do jogo — de expressar tudo de forma positiva, jamais negativa ou ofensiva — são complicadas, sei disso. Se o seu relacionamento tiver algum valor para vocês, terão de se esforçar e querer aprender nesse sentido.

O que fazer, porém, se apenas um dos parceiros está disposto a aprender? Ou, pior ainda, se o outro achar ridícula ou infantil essa história da lista e das regras estritas de discussão, negando-se a participar?

Nesse caso, é preciso buscar uma pessoa mediadora. Sempre deve ser o melhor amigo daquele parceiro que se opõe à idéia. Esse amigo precisa fazer com que a conversa aconteça entre os dois, além de cuidar para que as regras do jogo sejam mantidas. Jamais poderá expressar a sua opinião nem tomar partido.

Se não houver um melhor amigo que numa situação dessas possa ser aceito da mesma forma pelos dois envolvidos, é necessário encontrar um profissional, seja um conselheiro matrimonial ou psicólogo. Isso pode custar algo, mas ainda é melhor do que largar tudo e desistir.

Haverá um troca-troca tremendo de palavras, isso conheço de experiência, muitas críticas e opiniões, um quadro bem maluco e caótico. Nenhum propósito, por melhor que seja (sempre permanecer positivo), nem o melhor amigo ("deixe-me dizer algo nesse ponto") e nenhum mediador, por mais profissional que seja ("Nesse momento já não entendo mais nada do que estão falando") podem evitar que isso aconteça.

Mas você pode fazer algo mais, desde que seja importante para você que o relacionamento adormecido seja reativado. Antes desse diálogo com seu parceiro, você poderá confeccionar um pequeno amuleto. Ele impedirá que você destrua um montão de louças.

Eis outra receita da tradição feiticeira: consiga uma foto de seu parceiro, algo que, depois de um convívio de tantos anos, não lhe será nada difícil. Cole essa foto sobre uma rodela de madeira de faia. A faia é uma árvore que oferece proteção, protegendo também o seu relacionamento. Fixe esse amuleto numa gargantilha, acrescente três gotinhas respectivamente de óleo de baunilha e de óleo de rosas no amuleto. Durante o diálogo, use-o junto ao seu coração. Experimentará, de forma muito agradável, como o amuleto irradia uma sensação de harmonia. Cada diálogo acabará mostrando que houve déficit de romantismo e de erotismo na relação. Nesse ponto, nós, as feiticeiras, podemos oferecer assistência.

Receitas para reavivar o romantismo e o erotismo

As receitas caseiras mais simples, que ainda não têm nada a ver com a arte feiticeira, mas que ajudam a despertar um relacionamento adormecido, são semelhantes àquelas que já mencionei com relação ao hábito e ao ciúme, ou seja, roupas novas, penteado novo, um perfume novo, novas atividades, novas relações de amizade etc. Com isso, você se torna outra vez interessante para o seu parceiro. E se, além disso, você seguir o princípio de jamais se queixar ou fazer acusações, mas sempre dar um reforço positivo, você já terá avançado bastante.

Em tudo o que você fizer, no que diz respeito ao seu relacionamento amoroso, deverá seguir o seguinte preceito: **Em primeiro lugar, cada pessoa precisa amar a si mesma, antes de receber a chance de ser amada por outra pessoa.** Então, faça algo de bom por você mesmo, torne-se uma pessoa atraente, mime-se externa e internamente, ame-se! Pois como é que o seu parceiro ou sua parceira pode achar você atraente e até amá-lo se você mesmo não apresentar essa tendência? Será que você realmente vai querer exigir dele ou dela algo impossível? Melhor não.

Portanto, faça um bem a si mesmo, vá além das receitas caseiras. Configure um talismã que faça com que você pareça e realmente se torne mais sensual, mais desejável. Esse talismã tem o seguinte aspecto:

```
         ╔═══════════════════╗
         ║      MOOGA        ║
         ║ ┌───────────────┐ ║
    P    ║ │      ╱╲       │ ║    K
    A    ║ │     ╱  ╲      │ ║    A
    T    ║ │    ╱ ✿  ╲     │ ║    R
    C    ║ │   ╱      ╲    │ ║    E
    H    ║ │  ╱        ╲   │ ║    N
    U    ║ │ ╱          ╲  │ ║    G
    L    ║ │╱            ╲ │ ║    A
    I    ║ └───────────────┘ ║
         ║     DESULAR       ║
         ╚═══════════════════╝
```

Trata-se novamente de um símbolo da deusa vodu Ezili Freda, a deusa da beleza, da sensualidade e comparável a Afrodite e Vênus. Ela o ajudará a reacender a sua vida sexual apagada.

A figura é bordada sobre uma pequena almofada de tecido azul claro, com um fio de seda branco ou, melhor ainda, prateado. Confeccione um colarzinho para o talismã e use-o mais ou menos na altura do coração. Ao colocar o talismã, murmure as palavras "Patchuli, Mooga-karenga Desular Ezili". Faça dessas palavras uma espécie de mantra para si mesmo, murmure-o sempre que puder, em especial antes de encontrar-se com seu parceiro ou sua parceira.

A oferenda voduística destinada a Ezili Freda consiste em óleo de Âmbar e Kamasutra, só um pouquinho de cada um.

Um rito vodu muito famoso e especialmente eficaz, que só pode ser realizado a dois, é de autoria de Marie Laveau, uma feiticeira que, no passado, surpreendeu os habitantes de Nova Orleans. O rito serve para atingir-se o mais elevado grau de sensualidade. Ajuda também e, especialmente, a pôr em movimento um relacionamento sexual encalhado. O rito deve ser realizado, de preferência, na lua crescente, quando a Lua estiver em Escorpião, exatamente na hora de Vênus, portanto, entre as 6 e as 7 horas ou entre as 15 e as 16 horas.

Esse rito não é realizado ao ar livre, mas dentro de casa. Você logo vai entender por quê.

Arrume e decore sua casa com flores, com um toque festivo; coloque uma música instrumental suave. A seguir, você e seu parceiro tiram a roupa um do outro, carinhosamente, e dão banho um no outro, debaixo do chuveiro. Então, prepare a água de banho na banheira, acrescentando óleo de coco ou ainda de rosas. Além disso, adicione algumas gotas de óleo Angel, Come-to-me, Sex ou ainda Love-me. No banheiro, devem ser acesas duas velas Adam & Eve.

A reza, dirigida a quem quer que seja, não tem prescrição de texto. Tomem banho juntos, façam carícias de vez em quando um no outro, mas de forma alguma realizem o ato sexual. Neste caso, é expressamente proibido.

O rito pode durar até duas horas e deve ser repetido muitas outras vezes. No final, os parceiros se vestem, juntos. Antes disso espalham um pouco de Love-me-Powder na roupa. Tudo isso leva bastante tempo, eu sei. Mas dediquem-se esse tempo, pois não se arrependerão.

E se, algum dia, você me escrever dizendo que tudo funcionou, e que só a proibição do ato sexual foi difícil de cumprir e que uma ou outra vez já não era possível obedecê-la, ninguém ficará mais feliz do que eu.

Discutir e decidir juntos sobre as receitas

No caso de um dos parceiros reconhecer a necessidade de reacender o relacionamento adormecido, é preciso que volte a ler os itens **Procurando pelas causas** e **Ter uma conversa construtiva com o outro**. Não faz o menor sentido entrar em ação, ainda mais se for usando magia, se um dos parceiros se recusar categoricamente e puser um bloqueio em tudo. Os parceiros realmente precisam ser unânimes nesse ponto, senão não poderá haver um resultado positivo. Somente o talismã que mencionei no capítulo anterior é que você poderá usar sem o conhecimento de seu parceiro. Quem sabe, ele ficará alerta para as mudanças que estão ocorrendo com você e poderá decidir-se a retomar a conversa.

O que vocês decidirem juntos realmente precisa ser posto em prática em conjunto. Não faz sentido se um dos parceiros, talvez mais familiarizado com a prática dos conhecimentos de magia, tomar a iniciativa e entrar num ritmo difícil de ser seguido pelo outro. Naturalmente, o mais lento sentirá frustração e o projeto todo vai desabar.

Ainda poderá acontecer que um dos dois tenha de ser atraído aos poucos para os assuntos de magia, ou talvez até os ridicularize e os recuse categoricamente. Se você quiser trilhar esse caminho, será necessário um grande esforço de reconstrução.

O que não pode acontecer, de maneira alguma, é que você imponha ritos e outras coisas a seu parceiro cético, contra a vontade e a convicção dele. Falando disso, só existe uma restrição menor: no caso de óleos que ativam a sexualidade e atratividade, você pode entrar em ação sem o conhecimento do parceiro. Nunca poderá permitir ser pego em flagrante, mas precisa se ater à versão do "novo perfume". Caso contrário, o seu parceiro vai se sentir traído, e com alguma razão.

É absolutamente necessário que ambos os parceiros cheguem à conclusão de que o relacionamento ficou parado no tempo e que algo deve ser mudado a respeito. Pois se for diferente, já estará programada uma separação que, provavelmente, se dará com um monte de críticas. "Já estou tentando convencer você há um ano de que algo precisa ser feito, mas você não me ouve..."

Se um dos parceiros realmente se opuser fervorosamente a experimentar minhas receitas e dicas de feiticeira, por favor desista desse recurso. Nesse caso, um mediador, ou seja, o melhor amigo ou um conselheiro matrimonial profissional, ou ainda um psicólogo poderá ajudar muito mais. Pelo menos, você estará avançando um passo em direção ao seu objetivo. Adiá-lo não significa desistir dele.

De qualquer forma, reconhecerem juntos os problemas existentes é um bom começo para a reaproximação. Mas reconhecer os fatos a respeito de si mesmo ainda *não* é o primeiro passo para que haja uma melhora, mas apenas a compreensão deles. Agora é preciso pôr em prática esse reconhecimento. Portanto, é essencial que você siga os ritos do capítulo anterior com o máximo de concentração que lhe for possível, sem permitir qualquer tipo de distração.

Onde se originaram os erros?

Que idéia terrível, esta: finalmente conseguiu convencer o parceiro de que algo precisa ser feito para ativar o relacionamento paralisado, até foi possível convencê-lo da necessidade de tentar as receitas da feiticeira e, então, nada acontece. Nem há o menor sinal de melhora; em vez disso, um novo conflito está surgindo. "Eu avisei que esse abracadabra bobo não ia dar em nada...", "Você e suas bruxarias...", "Agora já basta! Toda essa bobagem... Comparados a outros casais, ainda estamos bem..." etc.

Uma vez que alguém chegou à conclusão de que o seu matrimônio ou relacionamento está adormecido e acredita firme e positivamente que isso pode melhorar, não poderá de maneira alguma desistir logo. Nem poderá permitir que esse assunto vire um novo potencial de agressões.

Portanto, paciência e serenidade são os mandamentos supremos. Demorou anos ou décadas até que o seu relacionamento chegasse a um estado tão desolador. Então você não pode esperar que tudo melhore da noite para o dia. Quem levar isso em consideração, entrará em ação muito mais equilibradamente. E precisará saber claramente que essa ação significa uma boa quantidade de trabalho daqui por diante.

Um dos principais fatores responsáveis pela decadência da sua relação, tão sem emoção e sem objetivos, com certeza é o comodismo. Foram se instalando, pouco a pouco, muitos padrões de comportamento confortáveis. O comodismo se tornou uma parte essencial do seu relacionamento. Por isso agora é tão difícil arregaçar as mangas e com ânimo entrar em ação, pois, se você quiser salvar algo, precisa justamente superar essa atitude acomodada. E naturalmente vai ter de prestar atenção para não estragar nada.

Uma das origens típicas de erros que ocorrem na realização de atos de magia eu acabo de mencionar no capítulo anterior: é a *impaciência*. Ninguém pode esperar que você se torne um perito no assunto imediatamente, que acerte em tudo. Então, repita sua ação tantas vezes quantas for preciso até que seja bem-sucedido pelo menos em parte. Se nada melhorar mesmo, consulte uma feiticeira ou um mago. É útil que, nesse caso, você tenha à mão um protocolo exato que registre o que você fez e quando o fez; ingredientes que usou, horários, datas em que repetiu algo, ou seja, tudo o que lhe parecer importante ou memorável.

É sempre muito fácil verificar que foram usados *ingredientes falsos* num rito. Quem entrar no departamento dos chamados produtos esotéricos de uma loja de magazines para comprar misturas de óleos quimicamente preparadas, ou uma miscelânea qualquer de ervas, não deve se admirar de que esse material barato dificilmente produza efeito. Portanto, consulte um perito no assunto, procurando instruções detalhadas. Sua felicidade merece que você pague bem mais por mercadorias autênticas.

Não raro, pessoas já experientes na prática de ritos parecem não consultar a agenda ou o calendário, pois realizam suas experiências indistintamente. Mas tanto o *dia errado* na execução do rito como o *lugar errado* podem ser fatais. Os ritos devem ser realizados, a princípio, ao ar livre e junto a uma fonte de água corrente; além disso, com lua crescente ou lua cheia (a não ser que a instrução indique algo diferente).

Também é possível que se cometam erros em relação ou ao *talismã* ou ao *amuleto*. Quem trouxer das férias um objeto chique para pendurar no pescoço está longe de ter adquirido um amuleto eficaz ou talismã que preste. Não é sem razão que sempre repito o meu sermão de que é necessário confeccionar com as próprias mãos esses objetos curativos, de papel pergaminho ou de madeira, de metal ou tecido; que eles precisam ser benzidos e ninguém além de você poderá tocá-los.

Outra fonte clássica de erros é a escolha equivocada de *velas* e também de *cores*, além de misturas caóticas usadas nas *defumações*, um momento em que todos gostam de ser criativos, passando a superestimar sua capacidade. Então, temos como resultado defumações mais do que duvidosas quanto à sua eficácia, além de cheirarem mal. Volto a dizer: use bem o seu tempo, que ele não vai lhe fugir, e procure aconselhar-se com alguém.

O erro mais grave e mais comum consiste na *falta de concentração*, durante a realização de rezas e ritos. Basta que um dos parceiros não esteja muito concentrado na causa e logo o êxito da reza ou do rito corre perigo. Atos ritualísticos precisam ser executados do início ao fim com um alto grau de concentração no alvo a ser atingido. Isso é mais importante do que os ingredientes ou utensílios usados no rito. Portanto, não faz o menor sentido alguém seguir as instruções da receita, mas não conseguir ter a concentração necessária. Em primeiro lugar, atos ritualísticos existem para aumentar a concentração de quem os realiza, exceto pela força individual de alguns ingredientes. Aquilo que não acontecer em sua mente, nunca acontecerá de fato.

Se você se concentrar em algum alvo, por favor nunca o faça em forma de lamentação. "Puxa, eu queria tanto que tudo se arranjasse de novo com meu parceiro. Por favor, faça com que isso aconteça!" Desista desse tipo de lamúrias, pois são constrangedoras. Agradeça por estar podendo realizar esse tipo de rito e encare a situação que deseja alcançar de tal modo que se torne ideal a seus olhos. Portanto, imagine que está vivendo, mais uma vez, uma noite quente de amor com seu parceiro de tantos anos. Imagine também que em outro sentido novas coisas aconteçam em seu relacionamento ou matrimônio.

Chegamos, com isso, a um ponto importante, que é a *projeção*. Você deveria saber exatamente o que é que está almejando. Pode descobri-lo através de conversas, meditação ou também de anotações. O desejo difuso de que "Algo precisa mudar!" não é o suficiente. Você precisa saber exatamente o que é que precisa mudar, qual a imagem ideal de seu relacionamento. Sejamos bem concretos: Façam mais coisas em conjunto, que haja mais férias, mais tolerância, menos momentos vazios, mais dinheiro, mais sexo, mais conversa. Recomenda-se, outra vez, fazer uma lista contendo os pontos ideais, pois ela lhe mostrará, afinal de contas, o que exatamente você deseja. Então, terá melhores chances para reacender um relacionamento que está adormecido.

Uma vida sem parceiro

Enquanto muitas pessoas não desejam nada mais ardorosamente do que um relacionamento estável que também funcione bem quanto ao sexo, cresce o número de pessoas que reagem quase com pânico, se a fase inicial de paixão estiver se transformando em um relacionamento firme.

Nas mesas de bar sempre se ouve a mesma velha piada: "Por que eu compraria uma vaca se só quero tomar um copo de leite?" Traduzindo isso para a realidade, significa que as pessoas estão muito interessadas em ter sexo, mas não querem nenhum compromisso com tudo o que um relacionamento estável implica. Por que muitos freqüentadores das rodas de bar, justo quando perguntados sobre o motivo de ainda estarem sozinhos, costumam responder com essa piada, é outra história. É claro que também existem os que, no fundo do seu coração, sentem falta de aconchego, mas que naquela roda animada e regada a cerveja fazem de conta que têm oportunidades suficientes para ter sexo. Afinal de contas, sexo é símbolo de *status*, ainda mais entre os homens. Não é à toa que justo nesse campo haja tantos exageros, tantas histórias e fanfarrices.

Ultimamente, porém, há cada vez mais casos, em meu consultório, em que se trata de transformar um relacionamento meramente sexual num relacionamento verdadeiro, com tudo que isso implica. Em geral são as mulheres que, em dado momento, revelam seu desejo de compartilhar mais, de morar com o parceiro ou até de casar-se. Pode até ser que isso tenha a ver com um instinto geneticamente programado para a construção de um ninho. No entanto, elas não têm consciência de que com isso muitas vezes provocam verdadeiros ataques de pânico em seus parceiros.

Para muitos homens, um relacionamento firme tem sabor de "acabou a liberdade", de "ficar preso", "criar fatos definitivos", e de que, mais dia menos dia, vão sofrer por causa disso. Todos os que já passaram por um relacionamento estável e tiveram experiências negativas nesse sentido, são especialmente difíceis de "agarrar". Mas outros que, após uma época de reflexão e certo trabalho de luto, acabam considerando o relacionamento anterior, no seu todo, como algo positivo ou até chegam a sentir dolorosamente a falta dele, querem construir logo outra relação. Talvez até tenham a opinião de que isso faz parte da vida.

Quando esses distintos pontos de vista se chocam, via de regra surgem graves conflitos, e muitas vezes a relação existente até acaba, pois o parceiro, rejeitado em seu desejo por algo mais permanente, sente essa baixa como um ferimento em seu orgulho, às vezes inclusive como prova de que o outro nem o ama de verdade.

Além disso, ainda pode haver o seguinte problema: o parceiro, cujo desejo por convívio ou casamento foi rejeitado, começa a especular e chega a desenvolver graves fantasias de suspeita. Será que o outro quer manter aberta uma portinha secreta? Ou será que há outra pessoa além de mim? Ou quem sabe eu esteja lidando com alguém que jamais pensou em ter um relacionamento firme, que vive trocando de cama, aquecendo uma hoje e outra amanhã?

É claro que também existe esse tipo, até mais do que se imagina. Trata-se de pessoas que continuam solteiras por convicção e querem permanecer assim, sem negar fogo a uma ou outra tentação que apareça no seu caminho. Não tenho a intenção de avaliar esse comportamento moralmente, pois cada um precisa encontrar o seu próprio caminho, eticamente falando. O que abomino, no entanto, é que solteiros inveterados enganem seu parceiro na fase da paixão, fazendo o papel de alguém interessado em um relacionamento mais sério a fim de chegarem a seu alvo, naturalmente a cama. Duas pessoas solteiras por convicção podem viver uma bela amizade, até de caráter sexual, se desde o princípio procurarem ser autênticos em relação ao outro. Se nenhum dos dois quer algo além disso, o mundo continua nos eixos.

Mas a realidade é mais difícil do que ler a respeito, pois em geral a forma pela qual um relacionamento desses se apresenta é mista. Um dos parceiros deseja algo mais permanente, o outro, não. Um disse ao outro a verdade, de forma justa e limpa, mas à medida que a relação se desenvolvia, ficou claro que a intenção verdadeira era querer mais do que isso. Ou o que é pior: um aparentemente aceitou a posição do outro, na fase inicial de paixão, mas no fundo sempre teve a intenção e a esperança de conseguir influenciar o outro para que mudasse de idéia. Isso não é honesto, pois aqui deve aplicar-se a regra de que: o que está dito, está feito.

Quem as observar mais de perto, detectará nas pessoas com dificuldades para se relacionar sempre os mesmos motivos, ou seja, o receio de algo definitivo e o medo da responsabilidade. As próprias metáforas da linguagem coloquial indicam nessa direção: Ele foi "laçado", encontra-se "sob o jugo", passa a vida na "prisão domiciliar"! A doce molequinha de antes, rapidamente vira a "velha ranzinza".

Também no caso de Robert S., 42 anos, de Augsburgo, a falta de sinceridade teve um papel importante. Ele nunca quis algo mais firme com a sua Susanne, 39. Por outro lado, achava muito prático sempre poder ligar para ela e encontrá-la quando tinha sexo na cabeça, pois o sexo funcionava às mil maravilhas entre ambos. O problema era que ele sabia que Susanne estava querendo uma vida com casamento e família, então ele fazia de conta que queria o mesmo. Afinal, queria ficar com ela, pelo menos no tocante ao sexo. Até que, um belo dia, Susanne lhe pôs, por assim dizer, o revólver no peito, dando-lhe um prazo final e, com isso, o relacionamento estava encerrado. Susanne terminou o episódio com Robert considerando que fora tempo perdido, pois não havia se aproximado de seu alvo. Foi uma separação dolorosa, uma aprendizagem ainda mais dolorosa.

Até solteiros por convicção, que ao longo de anos estão de bem com o seu estilo de vida, que nunca mentem nem pretendem sentir um interesse maior, podem ter problemas quando suas pretensões mudam. Foi o que aconteceu com Ernst M., 59, de Munique. Quando todos os seus amigos estavam casados ou pelo menos firmemente ligados a alguém, ele desenvolveu sentimentos de inveja, quando antes havia gozado deles ("Vocês e seu instinto bobo de ninho!"). Ele havia se tornado um tanto acomodado e na lista dos solteiros já não era o prêmio mais cobiçado, devido à sua idade. Ficou cada vez mais difícil conseguir animar alguém para uma noitada. E cada vez mais gostaria de ter tido alguém em casa, com quem conversar ou ir ao cinema. Agora está sentindo que já é tarde para começar um relacionamento permanente, pois a essa altura todas as mulheres atraentes de sua idade já têm o seu parceiro. A autoconfiança de Ernst está seriamente abalada, um certo pânico de fim de jogo começa a surgir. E isso não faz dele uma pessoa mais atraente, pelo contrário. Após alguns banhos de relaxamento com melissa e óleo Move-me, ele está melhor, e o ego arranhado já se recuperou um pouco.

A vida sem sexo regular e também sem parceiro firme nem sempre se baseia em reflexão e conscientização. Muitas vezes, a pessoa vai tomando essa direção. E o ser humano, por ser dado a hábitos, dificilmente consegue sair outra vez de situações de vida arraigadas. Por isso, faz sentido analisarmos melhor as vantagens e desvantagens de ser solteiro ou solteira.

O que é positivo, o que é negativo na vida de solteiro?

Quanto às vantagens e desvantagens de uma vida sem parceiro fixo e também sem sexo regular, trata-se de uma experiência individual. O que para uns pode ser uma vantagem, para outros chega a ser uma situação intolerável.

Assim, alguém que aprecia uma troca constante de parceiros poderá desfrutar os estímulos que sempre estão presentes; portanto, poderá ver nisso uma vantagem. Mas o sexo ganancioso, de uma vez só, descartável, nunca permite que se chegue a intimidades que permitem uma continuidade, que exploram outras regiões do corpo humano; com toda certeza isso é uma desvantagem. Pois nunca alguém sozinho é "bom de cama". "Bom de cama" só se pode ser a dois e, quando já se conhecem bem, depois de ter descoberto do que o outro gosta.

A pessoa solteira convicta e sexualmente ativa poderá ter sempre a comprovação de si mesma. E não se trata só da experiência na cama, mas também e, especialmente, das preliminares, na fase da paquera. Através de seu comportamento de conquistador, pode colecionar pontos a favor para a sua autoconfiança; está vivendo uma vantagem. Ele até pode gabar-se, pode mentir na paquera, pode fazer de conta que é diretor-presidente de uma grande empresa ou diretor de cinema, com o poder de distribuir papéis. Pode aparentar um personagem interessante e viver por uma noite aquele que, na verdade, gostaria de ser. Somando tudo, só vemos vantagens, não é mesmo? A desvantagem é que jamais conhecerá uma pessoa de sua confiança, nem no sentido sexual nem afetivo. Não haverá ninguém com quem possa, alguma dia, compartilhar desejos sexuais extravagantes e, muito menos, desabafar e conversar depois de ter levado uma bronca do chefe, pois dele ou dela se espera que sempre seja o homem fantástico ou a mulher maravilha.

Algo parecido acontece com a união estável ou o casamento, dentro da moradia conjunta. Não se pode nem se precisa mais disfarçar; os dois se conhecem por dentro e por fora, sabem até que ponto podem contar com o outro em termos de sexo e também quanto ao projeto de vida em comum. Somos simplesmente dois! As demais desvantagens ameaçadoras são do tipo: tubo de pasta dental mal espremido, as meias espalhadas pela casa etc. Além disso, há os hábitos e o descaso com o sexo, como já descrevi nos capítulos anteriores. Mas também sugeri como se pode sair dessas situações, caso surjam.

Até aqui, temos os aspectos mais importantes a favor e contra uma união estável. Cada um que se ocupe desse assunto poderá acrescentar espontaneamente uma série de outros pontos. Mas em geral trata-se, então, de complementos e interpretações individuais em relação ao que já foi dito.

Naturalmente é preciso observar ainda que sempre falamos de pessoas que têm possibilidades de escolha, podendo decidir com responsabilidade própria se desejam ou não contrair um relacionamento firme, com sexo regular.

Sabemos muito bem que existem muitas pessoas sem essa possibilidade de opção. Pessoas que nem sequer encontram um parceiro ou uma parceira com quem possam chegar a pensar e até discutir esse assunto. Pessoas que se autobloqueiam, devido a complexos de inferioridade ou atitudes desajeitadas. Permito-me mencionar uma vez mais, explicitamente, o que disse no início deste livro, pois considero difícil viver uma vida sem relacionamento algum, sem qualquer sexo, pelo menos nos anos mais jovens.

No entanto, sempre há pessoas que tentam viver assim, pelos mais variados motivos, até de ordem esotérica e religiosa. Também nos ocorre imediatamente o celibato da Igreja Católica. A exigência de abstinência sexual, em geral, é justificada com o argumento de que se reza e se medita melhor mantendo sob controle os instintos e dedicando todos os anseios a um alvo mais elevado.

Onanismo, o amor por si e para si mesmo

A experiência sexual começa na idade mais tenra. Menininhos surpreendem sua mãe com uma ereção quando ela lhe troca as fraldas. Menininhas demonstram grande prazer ao sugar o seio materno. Os demais passos do desenvolvimento são suficientemente conhecidos, como a fase anal, a fase oral, a fase da vergonha e da exploração etc. Há muita bibliografia especializada sobre o assunto.

Agir de forma sexualmente consciente, porém, começa apenas com o onanismo ou a masturbação. Aliás, a palavra onanismo é usada de forma totalmente inapropriada. Onã é um nome masculino da Bíblia, da antiga Israel. E esse Onã, em vez de engravidar sua esposa, "espalhou seu sêmen pelo chão", conforme a tradição. Portanto, praticou um coito interrompido, ejaculando fora. Portanto, nada de satisfação própria, geralmente um ato solitário; mas que seja.

O onanismo acontece principalmente a nível mental, e menos por mera manipulação dos órgãos genitais. Somente a combinação entre fantasia, esfregar ou friccionar, torna possível a satisfação. E o fato de ser possível ganhar mais estímulos, através de imagens, textos ou filmes eróticos, não altera isso em nada, pois, assim mesmo, o mais importante ocorre na cabeça. Um provérbio bávaro grosseiro e, em certa medida, de mau gosto, expressa melhor o que quero dizer: "Transar nunca é tão bom quanto a gente imagina quando se masturba." Isso não está tão longe do âmago da questão quanto se possa pensar. O espírito é livre, como sabemos. Os pensamentos mais secretos de que um amigo ou parceiro jamais ficará sabendo, estão guardados na mente. Por isso, vivem-se no ato da masturbação fantasias com muito mais liberdade do que no próprio ato sexual. Arrisca-se mais, cria-se coragem para imaginar o indizível e o que talvez nem se possa pedir ao parceiro, para transformá-lo em satisfação.

Com essa liberdade e discrição do anonimato absoluto, tentam-se as posições mais selvagens, as pessoas cometem, sofrem e até se deliciam com estupros, fantasias de poder são desfrutadas, e testam-se tendências homossexuais.

Fantasias onanísticas, porém, não significam automaticamente que a pessoa que se masturba e que esteja dotada de imaginação logo vai pôr em prática, na vida real, as suas projeções. Uma mulher que, ao se masturbar, imagina ser estuprada de forma brutal, está longe de desejar ser violentada na vida real. E um homem que se entrega ao luxo de um sonho homoerótico, não vai querer a todo custo ir para a cama com outro homem. Aqui é necessário traçar-se uma linha divisória clara entre ficção e realidade. Quem aprecia filmes de terror, não necessariamente quer transformar-se em vampiro ou monstro. Joga-se com o comichão da fantasia, e nada mais.

Mesmo que a fantasia sexual se concentre em determinada pessoa, certo homem ou certa mulher do nosso círculo de conhecidos ou amigos, é preciso examinar se na vida real essa pessoa merece algum interesse sexual.

A masturbação não é algo doentio, como ainda há pouco era praxe fazer as pessoas acreditarem, quando os rapazes eram admoestados a deixarem as mãos sobre o cobertor para dormir. Também não é nada perverso. É bastante normal. Por meio da masturbação, consegue-se relaxamento físico e o treinamento mental em relação ao sexo.

Quem, porém, não tiver outra vida sexual além da masturbação, deveria a todo custo procurar descobrir as causas disso, pois na fantasia é possível conviver com os alvos mais impossíveis, ir para a cama com Michael Jackson ou Britney Spears, com Veronika Ferres ou Thomas Gottschalk. Quem permanecer nessa idolatria ingênua de astros, nunca poderá experimentar o sexo, de forma real, com um parceiro ou uma parceira de verdade.

É possível executar a masturbação simplesmente como uma obrigação chata, porque a pressão física o exige. Também é possível celebrar esses momentos. É possível tornar o ato da masturbação algo belo, prepará-lo com capricho, sair para comer bem, mesmo sozinho; pode-se desfrutar um belo banho com óleo Love-me, acompanhado de música suave, pois você sabe, quem não ama a si mesmo, não poderá esperar que seja amado por outra pessoa.

Para finalizar, ainda uma pequena divagação sobre o tema da masturbação. Ela não está disponível apenas para os períodos sem parceiro sexual. Justamente em relacionamentos firmes, inclusive em casamentos, há muita masturbação, bem secreta e avergonhada, pois o parceiro poderia achar que essa ação é sinal de que o outro não está satisfeito com ele ou ela. "Como assim, ele precisa disso?", me perguntou há pouco tempo uma cliente. "Ele tem a mim!" Algumas mulheres sentem-no como verdadeira traição, quando o seu homem de vez em quando se masturba.

O onanismo (ou a masturbação) é uma forma própria de sexualidade. Não é uma forma prévia nem de treinamento, mas uma forma própria. É a primeira forma que se aprendeu. Por isso uma mulher inteligente jamais terá ciúme das revistinhas pornô do seu marido, nem fará cenas ao descobri-las.

Mulheres espertas, e agora estou falando de feiticeira para feiticeira, procurarão descobrir algo mais a partir das fantasias masturbatórias de seus maridos. Naturalmente não o farão numa discussão oficial, mas durante os jogos de amor, passo por passo. Nunca farão um interrogatório, como um promotor público, mas de forma brincalhona e leve, quase ao acaso. "O que você está sentindo agora?" "O que você gostaria de fazer agora?" "Em que você está pensando?" e "O que você quer que eu faça agora?", tudo aos sussurros, aos cochichos no ouvido.

Homens inteligentes procederão da mesma forma. É sempre bom testar se aquilo que estão fazendo nesse momento na cama está agradando a sua parceira. Nesse ponto, os homens costumam ter dificuldades bem maiores do que as mulheres, pois de qualquer forma eles são garanhões fantásticos, ou pelo menos gostariam de ser. Mas terão que treinar para sê-lo.

A seguir, apresento uma regra muito importante. Verdades e sentimentos de um momento, sussurrados, cochichados, gemidos e até experimentados, pertencem apenas à cama de duas pessoas e a nenhum outro lugar. Não poderão ser contados a nenhum amigo, nem a amiga alguma ("Ele me chamou de seu pônei selvagem, imagine só..."), e da mesma forma não se pode mencioná-las outra vez ao parceiro, fora da cama. Senão, se estará acabando com o romantismo, o erotismo, todo tipo de encanto e tudo o mais, e o pior de tudo: você estará abusando da confiança do outro.

Voltando à masturbação, se você está muito seguro de que seu parceiro atual seja a pessoa da sua vida, dê-lhe o maior presente em termos de sexo. Mostre-lhe como satisfaz a si mesmo. Enquanto isso, seu parceiro poderia estar deitado a seu lado na cama, acariciando-lhe no máximo o pescoço e a cabeça sem, no entanto, entrar em ação. Assistirá como você se masturba, conhecendo talvez novos aspectos em que poderá estimular você fisicamente. Durante a masturbação, fale com o parceiro: "Agora vem um homem grande em minha direção, arranca a roupa do meu corpo e me amarra", isso só a título de exemplo e modelo. Não invente nada, mas viva. O sexo é uma das últimas aventuras remanescentes em nosso tempo.

Romantismo e erotismo, também na vida de solteiro

Quem tiver decidido viver conscientemente como solteiro, mas sem desistir de sexo casual, precisará, conseqüentemente, buscar sempre um parceiro ou parceira. Geralmente, paquera e namoro acontecem em restaurantes ou bares, muitas vezes também no local de trabalho. Há um primeiro contato visual, um primeiro contato verbal, seguido de conversas mais extensas, depois uma troca de olhar profundo entre ambos. E está-se de acordo, ou não.

Há todo tipo de bibliografia sobre a paquera; não necessito oferecer nada mais a respeito desse assunto conhecido de todos. Além disso, no decorrer do tempo cada pessoa desenvolve o seu próprio estilo de paquera, que se compõe de vestuário, apresentação, postura corporal, ditos ou assuntos de conversa. Em geral, esses padrões se baseiam em êxitos pessoalmente experimentados no passado. E por que algo que já funcionou uma vez não deveria funcionar uma segunda, terceira ou quarta vez? Naturalmente, se alguém tiver um esquema pronto na cabeça corre algum risco, porque esse procedimento esquemático poderá não funcionar em relação a qualquer pessoa. Não há um padrão de paquera a que todas as pessoas reajam com interesse imediato. E isso é bom.

A dica mais simples e ao mesmo tempo mais eficiente para todas as situações de paquera é não dissimular, não mentir, mas simplesmente ser franco. Importante é não pretender ser mais do que se é, não apresentar um *show*, mas ser honesto. Não só se evitam situações constrangedoras, quando uma "construção" feita de mentiras desabar, como também não é necessário ficar ensaiando nada. Quem nunca mente, não corre o risco de dar com a língua nos dentes.

Naturalmente, você não precisa revelar tudo de uma vez, desfraldando a bandeira de solteiro, com heroísmo e propaganda. Mas se houver perguntas nesse sentido, deve ser absolutamente honesto e contar abertamente por que é que gosta de ser solteiro. Talvez o outro também tenha a mesma opinião que você e ficará feliz em poder ter certeza de que, após uma agradável noite de sexo, não haverá logo uma proposta de casamento.

Cada paquera com a intenção de conquistar um parceiro ou uma parceira sexual para uma ou algumas noites, deveria ser levada a efeito com respeito. Mas sempre há, lamentavelmente, "caçadores" de ambos os sexos que, num bar, dão em cima de outra pessoa, e bebem até conseguir achá-la bonita para os seus fins. Não importa com quem tenham sexo, hoje, o importante é que possam satisfazer os seus instintos.

Sabemos todos como histórias desse tipo terminam. Será uma aventura agitada, com excesso de álcool no sangue, seguida de um despertar constrangido e enjoado, na manhã seguinte. Muitas vezes, o herói sexual foge em debandada, quase em pânico, enquanto o outro ainda está dormindo. Por isso, cada solteiro fará bem em examinar a si mesmo, se realmente acha aceitável uma cena dessas.

Não seria muito melhor se ambos tomassem juntos o café da manhã, após a aventura de uma noite compartilhada? Que tal achar um pouco de graça dessa aventura que acabam de viver? Se nenhum deles tem qualquer motivo para se arrepender, tendo afastado qualquer constrangimento, é possível que os caminhos se cruzem no futuro, sem problemas, e sem que haja um lamentável constrangimento. Talvez até no mesmo bar em que houve o encontro da primeira vez. E se as circunstâncias permitirem, por que não tentar uma segunda vez juntos? Se o clima e a situação do momento forem favoráveis, por que não? Não é muito melhor assim, do que esgueirar-se, tentar passar furtivamente pelo outro, no máximo dizendo um "olá" meio confuso?

A pessoa solteira também pode e deve reconhecer que romantismo e erotismo são muito mais valiosos do que sexo meio forçado e súbito. Não há nada de ruim em ficar mimando a si mesmo e ao parceiro ou parceira. Nada contra arrumar a casa antes de cair na noite, nada contra tomar um demorado banho de chuveiro e vestir-se com atenção e cuidado, colocar velas, pôr CDs com música suave e até preparar um lanche sedutor, com vinho tinto ou champanhe. Pois um parceiro de intimidade é algo especial, sim, mesmo que seja só por uma noite. É que o parceiro precisa ser valorizado por você.

A era moderna criou muitas variações do sexo, e são justamente os solteiros que gostam de utilizá-las. Basta pensar no *chat* frívolo pela Internet ou, como muitas vezes é o caso, no sexo por telefone. Não estou pensando no sexo pago via telefone, pois não tem nível aceitável e tem mais a ver com prostituição do que com sentimentos verdadeiros. Mas penso no sexo por telefone entre dois que se conhecem ou também não se conhecem, mas que se sentem estimulados pela voz ou pelo tipo de palavras que se usam. O sexo telefônico é masturbação a dois, trata-se de estimular a imaginação do outro.

Minha cliente Julia K., 37 anos, é solteira, mas na verdade já nem tanto, pois quase todo fim de semana recebe a visita do seu namorado, que trabalha longe e só tem tempo para ela no fim de semana. Será que se pode chamar Julia e Markus ainda de autênticos solteiros? Não sei. Cada um tem a sua própria casa, o seu ambiente, a sua vida. Mas, de alguma forma, um pertence ao outro, só pelo tempo que o relacionamento já dura.

Às vezes, Julia e Markus fazem sexo por telefone. Julia sabe exatamente como lidar com isso. Ela põe roupa excitante, usa varetas de incenso e música suave de fundo, e espera a chamada combinada com o namorado. Celebra o processo todo, na verdade um tanto estranho, de sexo via telefone como se fosse um encontro real com o seu amado Markus, e chega a gozar.

Estou convicta de que solteiros e solteiras vão muito bem com romantismo e erotismo, também frente a si mesmos, em todas as situações da vida.

E você estará ainda melhor com o propósito de entender a sua vida de solteiro não como uma lei, um dogma ou como uma situação predestinada ou imutável, mas sim, como uma situação passageira. Se aparecer alguém realmente especial, não se deve permanecer preso a princípios preconcebidos em algum momento do passado, mas entregar-se de corpo e alma. Todo o resto seria bobagem.

Receitas de feiticeira para levar uma vida de solteiro prazerosa

Algo que cada solteiro precisa aprender é livrar-se de qualquer pressão quanto ao sucesso, quando estiver buscando parceiro para uma noite. Não pode estar tão necessitado de sexo que já se perceba de longe que precisa conseguir, a todo custo e já, um parceiro ou parceira sexual para obter alívio dessa sua carência. Solteiros espreitando uma oportunidade são personagens patéticos, sem dignidade; todos os conhecemos.

Portanto, um solteiro que sai para fazer alguma conquista, deveria em primeiro lugar ficar mais calmo e, ao mesmo tempo, programar-se para ser bem-sucedido. Quem puser ordem em sua casa, fizer uma defumação com sálvia e distribuir algumas gotas de óleo Love-me pelos quartos, estará no caminho certo. Naturalmente você sabe muito bem — e muitas vezes já o escrevi — que "menos é mais", que não podem ficar traços olfáticos, logo perceptíveis.

A seguir, indica-se um pequeno banho de relaxamento. Antes, limpe-se cuidadosamente sob a ducha, depois encha a banheira com água. Se você quiser conquistar um homem, hoje, acrescente à água umas gotinhas de óleo de baunilha, de quatro a seis. Se quiser conquistar uma mulher, use óleo de rosas, na mesma dosagem. Caso você pretenda ir a um bar cheio de fumantes em que fica difícil distinguir cheiros, você poderá acrescentar duas gotas mais do óleo, e só.

Agora, relaxe no seu banho, pense numa aventura sexual. Imagine a situação que você quer viver. Um parceiro atraente, contato visual, uma segunda olhada, uma conversa, toda a situação de levar consigo o outro ou a outra, chegar em casa, a relação sexual. Você precisa reservar muito tempo para imaginar esse procedimento, em todas as suas fases. Deve imaginar como entra no bar ou restaurante, fecha a porta, deixa o casaco na entrada, cumprimenta um ou outro conhecido, e assim por diante. Cada momento precisa ser visualizado, cheirado, sentido. Em especial, quando você chegar a imaginar a situação sexual, deve imaginá-la passo a passo, desde as primeiras carícias e chamegos, tirar a roupa, beijar, trocar carícias excitantes, o ato propriamente dito, os momentos depois do sexo. Quanto mais cor e intensidade você emprestar a essa sua fantasia, maior será a sua chance de conseguir o que você deseja. É claro que você também pode realizar esse pequeno rito para si mesmo, para sua própria satisfação. Pois você sabe: mime e ame-se a si próprio, com o melhor da perfeição e do luxo possíveis, pois só então alguém poderá amar você.

Dou-lhe mais uma dica: masturbe-se na banheira antes de sair para a "caça", relaxe-se. Assim você garante que na agitação e sob a pressão dos hormônios não cometerá nenhuma gafe, só porque você precisa "daquilo" hoje mesmo. Dessa forma, você evitará constrangimento e sentimentos de culpa, a si mesmo e à outra pessoa. Halali, muita sorte e felicidade na sua aventura de caça!

Quando chegar em casa, bem acompanhado, acenda discretamente uma vela Adam & Eve. Por discrição entendo que você só deve explicar o porquê dessa vela se lhe for perguntado; no mais, você se comporta com naturalidade. A fragrância da água do banho e da defumação ainda estará pairando no ar. Eventualmente, alguns incensos de sândalo, no máximo três, ainda poderão ser defumados para completar a atmosfera.

Durante os primeiros beijos e chamegos com seu parceiro dessa noite, você explora com sensibilidade e atenção as zonas erógenas do outro. Se antes disso tiver posto discretamente algumas gotinhas de óleo Healing nas pontas de seus dedos, isso garante que qualquer elemento negativo de medo, de dúvidas, desapareça do corpo de seu parceiro. Além disso, mãos levemente lubrificadas sempre têm efeito erotizante, por causa de sua maciez e suavidade. Mas o que passar de algumas gotinhas, faz mal.

O que é importante para cada solteiro orientado para o prazer e o sexo é que, depois de cada aventura, trate de fazer uma limpeza completa da sua casa. Seria injusto em relação ao seu próximo parceiro se a roupa de cama e o ambiente ainda trouxessem o cheiro do parceiro anterior. Mesmo que esse cheiro não fosse reconhecível, atuaria no subconsciente. Portanto, é recomendável deixar à mão roupa de cama nova, outros incensos, CDs diferentes e assim por diante. Ao limpar o chão, acrescente sete gotinhas de essência de lavanda na água. Não só obterá uma limpeza melhor, como também preparará o seu ingresso em uma fase nova.

O solteiro orientado para o prazer, que nas suas conquistas amorosas seguir sempre o mesmo esquema, igualzinho, perderá muito em qualidade geral de sexo e de vida. Mas quem celebrar cada aventura, individualmente, como se fosse uma sagrada noite de núpcias, poderá vivenciar e aprender muita coisa.

As feiticeiras e o sexo

Por que são justamente as feiticeiras que, em termos de amor e sexo, se tornam parceiras adequadas e competentes de conversa? Por que são as feiticeiras (bruxas) que automaticamente são associadas a sexo? O que as feiticeiras têm a ver com sexo? As respostas para essas perguntas são múltiplas e só podem ser dadas num contexto histórico.

Os primeiros médicos, de que sabemos de fonte fidedigna, atuavam entre os sumérios. E eram quase todos do sexo feminino. A mulher em seu papel como curadora, parteira e médica, portanto, tem uma longa tradição. A partir do Egito e da Grécia, essa tradição se expandiu pelo mundo todo. Enquanto os homens brincavam de guerra, as mulheres em casa misturavam ungüentos, com os quais conseguiam ajudar os seus heróis cansados e feridos, quando eles retornavam. Portanto, a distribuição de tarefas tinha regras claras.

Em algum momento, o mundo dos homens se apavorou com a idéia de que as mulheres, dessa forma, conseguiam adquirir conhecimentos e também poder a que eles não tinham acesso. Mas aí estavam as mulheres que sabiam fazer muita coisa melhor do que os homens, e isso precisava ser impedido, urgentemente. Que prático era, na cultura judaico-cristã, lembrar-se de que a mulher, de alguma forma, está ligada ao diabo! Não fora a própria Eva que, em obediência ao diabo, entregou ao seu Adão a fruta proibida? Não foi Eva a responsável por termos sido expulsos do paraíso e, até hoje, precisarmos ganhar o pão com o nosso suor? Eva, a malvada! Eva, a culpada! Eva, a diabólica! É preciso prescrever-lhe regras, podá-la no seu poder, pois a mulher é a desgraça do homem.

Com essa atitude mental perversa surgiu, especialmente em círculos eclesiásticos, um movimento anti-mulher, pois era justamente a Igreja que não podia permitir que, além dela própria, houvesse outro grupo na sociedade com tanto poder e tanta influência e, em especial, por tratar-se de um grupo tão significativo. Logo, cada cura bem-sucedida, cada dom especial, cada ato que não podia ser entendido diretamente, foi categoricamente declarado "bruxaria", como algo que tinha a ver com a morte e o diabo e que, portanto, precisava ser urgentissimamente evitado e combatido.

Na sua mania de perseguirem as bruxas, os piores foram os monges das ordens dos dominicanos e os jesuítas. Dentro dos seus conventos, onde havia a proibição mais rigorosa de sexo, cresciam as fantasias mais tresloucadas. Os dois monges dominicanos Heinrich Kramer e James Sprenger escreveram, em 1487, a obra *Maleus Maleficorum*, um guia para todos que quisessem saber das circunstâncias sob as quais uma mulher deveria ser considerada bruxa. Depois de identificar os primeiros momentos e indícios de suspeita, indicavam-se métodos de tortura muito específicos para obter a certeza. Essa obra foi reconhecida mais tarde não só por toda a Igreja Católica, como também pelos protestantes.

Pessoas que voluntária ou forçosamente vivem sem sexo, muitas vezes sofrem de fantasias sexuais que se tornam incontroláveis. Não é de admirar, pois, que muitas dessas sugestões de tortura tenham tido traços de caráter nitidamente sexual e sadista. Nas próprias críticas feitas às mulheres, podemos reconhecer toda sorte de componentes sexuais. As bruxas foram acusadas de produzir seus ungüentos à base de gordura de crianças, de voar pelos ares montadas em vassouras metidas entre as pernas, de organizar orgias devassas e muitas coisas mais.

Naturalmente, essas mulheres sabiam muito sobre os mistérios da sexualidade. Afinal, tinham algo de praticantes de cura e medicina. Nada de humano lhes era estranho e desconhecido. Dessa forma podia acontecer que as mesmas pessoas que, umas semanas antes, houvessem procurado uma dessas mulheres com um pedido por uma pomada, para tratar de amor ou de fertilidade, depois se tornassem os seus acusadores. Alguns o faziam por sentir-se constrangidos por uma pessoa estranha saber dos seus problemas íntimos; outros, simplesmente porque não queriam pagar o que deviam. Em meio àquele clima de alucinação geral contra as bruxas, uma acusação vaga praticamente já equivalia a uma sentença de morte.

Quanto mais espetacular a acusação, mais segura era a condenação da acusada. Surgiam versões fantásticas de mulheres que voavam ao redor de uma montanha montadas numa vassoura, que retiravam o pênis do diabo de uma gaiola para copular com ele. Contavam-se histórias de grupos de bruxas que dançavam ao redor de uma fogueira, nuas, entregando-se a personagens diabólicos, e muito mais. Não havia nada tão absurdo e tão aberrante que não fosse crido e "examinado" com algum prazer.

Por outro lado, a tradição também conta que as próprias bruxas, procurando iluminação por meio de drogas, se arriscavam ao extremo, relatando as suas experiências delirantes. "Voei", essa era a impressão que elas tinham, talvez assim como pessoas, hoje em dia, que fizeram a experiência do LSD ou Ecstasy. Dessa forma, elas confirmavam os piores preconceitos dos seus perseguidores. Substâncias alucinógenas, extraídas de cogumelos, de beladona, ervas, tabaco, ópio, choupo, açafrão, que anteriormente talvez fossem usadas como analgésicos no caso de ferimentos mais graves, deram mais tarde origem a uma cultura própria, uma cultura de entorpecentes. Foi o achado que os caçadores de bruxas procuravam!

Da História sabemos que aldeias inteiras foram dizimadas, que mulheres e homens acabaram nas fogueiras, inclusive cachorros e gatos, quando casualmente tivessem pêlo preto ou, por coincidência, andassem por perto no momento em que algum acidente acontecia. Estima-se que até nove milhões de pessoas foram vítimas da perseguição às bruxas. A última queima de bruxas de que se tem notícia ocorreu em 1790, na Suíça.

O que permaneceu até hoje é a bruxa má dos contos de fada, ou seja, a dama com nariz encurvado, casinha coberta de doces e guloseimas, com gato preto ou carregando uma gralha no ombro, muito feia, com verrugas semeadas pelo rosto, com uma alma cheia de intenções das mais malvadas. É a que come criancinhas, enfeitiça transeuntes inofensivos, transformando-os em criaturas horripilantes, e que envenena a água potável.

Como as curandeiras e médicas estão familiarizadas com o corpo humano em todas as suas facetas, elas inteligentemente aproveitaram os seus conhecimentos ao tratar de males. Alguns óleos e pomadas têm efeito melhor e mais rápido em contato com as mucosas, ou seja, no nariz, na boca ou até na vagina. O que haveria de tão condenável nisso? Também hoje se usa essa prática. Quando havia uma infecção uterina ou vaginal a ser tratada, o medicamento era colocado diretamente na parte correspondente do corpo. Devido à própria anatomia, às vezes, era necessário empurrar um pouco, com uma vareta ou mesmo a ponta de um cabo de vassoura. Não há nada de admirável em que isso pudesse levar às especulações mais descabidas.

Naturalmente havia a bruxa ou feiticeira que vivia sozinha na floresta, que em algum momento se tornava velha e, talvez, até corcunda. Cada mulher inteligente que ficasse sabendo que era acusada de ser bruxa, procurava fugir o quanto antes, escondendo-se para escapar à fogueira. Quanto mais densa fosse a floresta, maior era a proteção que dava e maior a chance de sobreviver.

E naturalmente essas mulheres também se uniam em grupos para enfrentar melhor essa vida. Nesses grupos, havia regras estabelecidas, havia direitos e deveres, estudos de magia e, certamente, também havia festas e celebrações. E com certeza deve ter havido uma e outra amizade lésbica, por que não? O que um viajante, que casualmente passasse no local de uma festa, acreditava ter visto e reconhecido, relatando-o depois às autoridades, prefiro não imaginar, pois também havia recompensas para a captura de bruxas em fuga.

Bruxas, feiticeiras, amor e sexo — você pode imaginar — formam uma história sem fim, com as conexões mais estranhas de todos os lados, uma história que continua até os dias de hoje. Portanto, a autoridade que em relação a essa área nos é creditada, como feiticeiras, não vem do nada. Isso, naturalmente, nos honra. Por outro lado, nos carrega de uma responsabilidade enorme.

Amor e sexo, o que de mais maravilhoso existe no mundo, tornaram-se uma área em que mais problemas pessoais existem no mundo. A maior parte de minha atividade como conselheira é dedicada a problemas que têm a ver com sexo e relacionamento, como já mencionei várias vezes. Mas cada problema tem o único significado de nos testar, fortalecer, a fim de que possamos sair vitoriosos. Precisamos crescer e não desesperar com os nossos problemas.

Mas o que sempre me surpreende é que há clientes que esperam de mim todo tipo de atuação, ainda que seja um gesto que exige grande esforço, como preparar um óleo personalizado para o amor e até um rito dispendioso, mas que, apesar disso, não estão dispostos a trabalhar na sua própria pessoa. E o fazem pensando que, ao pagarem por minha consultoria ou fazerem uma doação à minha conta em favor da proteção aos animais ou à minha caixa destinada a Cuba, adquiriram o direito de poder confiar o assunto amor e sexo a conhecimentos profissionais de feiticeira. Não é tão simples assim, preciso adverti-los constantemente. A cooperação ativa é a base para todo e qualquer movimento em direção a algo positivo.

Sei por minha experiência que um e outro leitor deve ter esperado do capítulo **As feiticeiras e o sexo** algo diferente, como receitas secretas em dia de lua cheia, três virgens nuas com lírios brancos no cabelo, sobre o altar da luxúria, abracadabra, o orgasmo múltiplo e eterno, a corrida quente entre o ponto G e o ponto final. E, no meio de tudo isso, o *voyeur*. Sinto muito, meu caro *voyeur*, nesse caso, você errou de festa e, respectivamente, de livro. As recaídas à mais profunda Idade Média, você as encontra em sua videolocadora, na seção destinada a porquinhos doentes.

Receitas para uma vida espiritual sem sexo

Você já concluiu daquilo que leu até agora que, a princípio, não acho natural que pessoas decidam desistir por completo de uma vida sexual, pois a abstinência sexual, ditada por uma religião ou por um obscuro programa de iluminação, pode acarretar problemas muito graves, em muitos casos.

Por isso, não estou querendo, de modo nenhum, que este capítulo sirva de ânimo aos fanáticos todos que, por alguma razão, tenham decidido levar uma vida sem sexo. Fiquei muito chocada com um cliente, completamente confuso, que sentia o sexo como algo impuro e que, por isso, considerava tarefa sua eliminar essa impureza da vida. O pobre homem sofria de doenças de pele gravíssimas, de lábios ulcerados e o seu estado mental era de dar pena! Ao indagar mais a fundo, fiquei sabendo que ele, cada vez que se sentia ameaçado e assaltado pelo "malvado desejo carnal", tomava um banho com um detergente forte, à base de produtos químicos. Uma loucura que ameaçava a sua vida!

A abstinência sexual, como eu quero que neste capítulo seja entendida, tem as seguintes características: alguém deseja, temporariamente, manter-se longe do assunto sexo, por causa de um mal-estar físico ou psíquico, a fim de conseguir encontrar a si mesmo outra vez. Ou acaba de passar por um relacionamento fracassado, uma história de amor maluca envolvendo outra pessoa, ou qualquer episódio do qual deseja ganhar distância. Em casos assim, a desistência temporária de sexo certamente não é algo ruim. Em todos os casos, é melhor do que atirar-se de cabeça em novas aventuras.

Para que essa abstinência sexual não exija demais de seu corpo nem se torne autoflagelação, qualquer recaída, seja masturbação ou um *one-night-stand*, não deverá ser considerada fracasso ou deslize, de modo nenhum. A natureza apenas terá tomado o que é do seu direito, nada mais simples, e será essa a forma de encará-lo.

Apesar disso, acho importante que você conheça algumas receitas da tradição feiticeira que têm a ver com abstinência sexual. Volto a repetir que, por esse meio, não desejo instruir pessoas fanáticas, mas tão-somente gente que temporariamente, por quaisquer razões, deseja ou precisa abdicar do sexo.

A princípio, numa situação dessas, a meditação ajuda. Vista-se bem, faça uma defumação no seu quarto com erva-santa e, no contexto desta meditação, procure concentrar-se ao máximo no aspecto físico. Procure sentir as forças do seu abdômen, escutar o fluxo dos líquidos fisiológicos, a força que deles emana. Em seguida, leve essa força para cima, para a sua parte solar, e libere-a com uma pequena oração, expirando profundamente. É bom repetir essa pequena meditação diariamente, pelo tempo necessário, até que você sinta ter atingido o seu objetivo.

Um rito com jasmim, em forma de defumação ou óleo, tanto faz, torna-se útil para todos os que decidiram viver por um tempo sozinhos ou uma vida sem sexo, mas que têm dificuldades em lidar com esse estar só. O jasmim é uma planta sagrada, da antiga Pérsia. A sua fragrância adocicada estabelece contatos com bons espíritos. Esse rito deve ser realizado ao longo de nove dias seguidos, e o seu alvo é você, sozinho ou sozinha, sentir-se bem e protegido, sem ter sensações de mal-estar. Portanto, realize no seu quarto predileto essa defumação ou passe óleo de jasmim, e saúde a todos os bons espíritos que no decorrer do ritual chegarem a você para dar-lhe a sensação de bem-estar e segurança. Deixe-se cair, simplesmente, entregando-se. Nesse momento, você terá certeza de que não deseja parceiro nem sexo. Tudo acontece exatamente assim como você quer, então não há com que preocupar-se. Você pode passar um pouquinho de óleo de jasmim após lavar e secar o cabelo. Mantenha sempre consigo o frasquinho contendo o óleo. Assim, você estará levando para o seu ambiente essa serenidade que agora está vivendo, por um tempo, sozinho e sem sexo; estará passando a impressão de autoconfiança e consciência. Não há nada pior do que uma pessoa cuja obsessão em conseguir um parceiro sexual já se detecta a quilômetros de distância. Esse rito é dedicado a Oxum, a deusa africana do amor, da beleza e da honra. Ofereça-lhe uma maçã, pois a maçã tem poder simbólico em muitos sentidos. Você mesmo determinará qual será o símbolo e qual a força a ser colocada nessa oferenda.

No seguinte rito também se trata de relaxamento e de sentir-se bem. O rito consiste de uma mistura de óleo de baunilha e de Vênus e pretende fortalecer a consciência de viver como solteiro e construir um ambiente de bem-estar emocional. Essa mistura pode ser usada tanto no banho quanto como perfume. Seja no banho ou passando o óleo no corpo, o que importa é manter o máximo de concentração que você puder usar nessas ações. Lembre-se de que você continua tendo seu próprio valor, mesmo que nesse momento não esteja com outra pessoa. Considere que períodos sem vivência sexual também podem ter algo de bom e que você está bem. Aumente o efeito da mistura de óleo com uma defumação de sálvia e um ambiente festivo, ou seja, roupas bonitas, o quarto predileto bem arrumado, comida ou bebida favorita já preparada e à mão, talvez um vinho tinto. Para concentrar-se ainda mais, recomenda-se queimar simultaneamente uma vela branca e outra cor-de-rosa. Esse rito, quanto mais você o repetir, mais vai ajudá-lo a tornar-se mais seguro de si mesmo, mais tranqüilo e também mais atraente para o seu ambiente social. Quem anseia ter um relacionamento feliz e considera esse período sem parceiro e sem sexo somente um momento de transição, deveria dedicar-se a pensar intensamente num relacionamento assim, enquanto está tomando seu banho ou passando óleo no corpo. Dois grãos de feijão moxa, respingados com essa mistura de óleos, ajudam você a chegar mais próximo de seu alvo, quando os leva consigo todo o tempo, como talismã. Dedicamos esse rito a Santa Bárbara, a santa nacional dos Iorubas, em Cuba. Oferecemos-lhe algumas gotas da mistura de óleos, junto com umas gotas de licor doce.

O próximo rito também visa claramente ao relaxamento, mas aspectos igualmente importantes são a expansão da autoconfiança e do amor-próprio. Pois você sabe que alguém que não ama a si mesmo não pode esperar que seja amado por outros. Sempre de novo acontece que pessoas, quando estão a sós num dado momento e também abdicam ou não podem ter sexo com um parceiro, sentem-se inferiorizadas. Pode-se falar quanto queira, pode-se dizer que cada pessoa tem seu próprio valor, por si só, mas de nada adianta! Por isso recomendo o seguinte rito, extremamente eficiente, e peço que se sigam as instruções rigorosamente. Vamos misturar numa travessa meia xícara de incenso, 2 colherinhas de chá de Oris-Root-Powder, meia colher de chá de sal, 4 colheres de chá de pó de baunilha, 1 xícara de pó de sândalo. A mistura dos ingredientes deve ser feita cuidadosamente, passo por passo, na ordem aqui indicada. A seguir, cobre-se a travessa. Durante sete dias, você queima a cada dia 1 colherinha de chá dessa mistura numa defumação, respectivamente ao nascer e também ao pôr do sol. É preciso que você observe esses tempos meticulosamente, pois a causa merece muita atenção. A fragrância que se desprende, então, não só torna você calmo como também mais interessante para o seu ambiente. Acompanhe esse rito sempre com uma pequena reza ou meditação.

Caso você, após sete dias, ainda não estiver sentindo nenhum efeito relaxante nem aumento de autoconfiança, aumente para a "marcha" seguinte e complete o rito de defumação com as seguintes medidas que o acompanham. Você passa numa vela 7-African-Powers sete gotinhas de óleo Bend-Over, partindo do meio da vela, para cima e depois do meio para baixo. Ponha umas gotinhas de óleo Luv-Luv em sua roupa. Além disso, esfregue óleo Angel, cuidadosamente dosado, em seus lóbulos, na curva interna do joelho e na pele entre os dedos das mãos e dos pés. Enquanto isso, estará queimando toda a vela, o que leva algum tempo, dependendo do tamanho dela. Se você sentir vontade, agora, dê uma trégua a seu período de abstinência e masturbe-se. Pense, enquanto isso, na deusa Ezili Freda, já mencionada algumas vezes antes, e ofereça-lhe um pouco de mel com pó de baunilha e uma mistura para defumação de Helping-Hand, que também existe em forma de incenso. Para pessoas que até então foram sexualmente ativas, nem sempre é fácil aceitar uma fase sem parceiro e sem satisfação física. Muitas consideram uma fase assim como castigo e rejeição, o que naturalmente é bobagem. Mas posso garantir-lhe que, com essas receitas da feitiçaria, você vai conseguir superar bem um período desses.

Epílogo

Na verdade, depois deste meu quinto livro, eu já deveria conhecer bem essa sensação estranha que sempre me invade depois de ter concluído o trabalho. A cada vez, sou tomada de um misto de orgulho e incerteza. O livro está pronto. Apesar de todas as discussões e conversas polêmicas, conseguimos mais uma vez o que nos havíamos proposto fazer. Deixemos estalar as rolhas de champanhe! Mas será que fizemos bem o nosso trabalho, será que conseguimos ajudar às nossas leitoras e aos nossos leitores? Não teríamos negligenciado ou até esquecido algo importante?

Meu co-autor, Arno Frank Esser, ainda está procurando corrigir erros ortográficos e, eventualmente, melhorar a linguagem; afinal de contas, é o seu objetivo declarado oferecer, por meio de uma linguagem fácil, portas abertas também a todos aqueles leitores que até o presente tinham dúvidas e mesmo sentiam aversão aos setores da arte feiticeira e do esoterismo.

Agora estamos sentados, olhando-nos, tendo à nossa frente o bebê pronto, em forma de um manuscrito. Está chegando o momento em que precisamos despedir-nos dele, enviá-lo à nossa editora e, com isso, ao vasto e grande mundo. Já não há chance para mudanças, *rien ne va plus*, os dados estão lançados, a casa acabou de ser construída. Amor e sexualidade são temas com os quais sempre é possível conquistar o público, nós dois sabemos disso. *Sex sells*, o sexo vende bem — uma sabedoria antiga dos ramos de todas as áreas da comunicação deste mundo. Cada sopa em envelope, cada perfume, cada carro, cada cigarro e também cada livro vende melhor quando, de alguma forma, pode ser associado ao sexo. Até uma advertência quanto ao sexo, talvez em relação à Aids, chega mais facilmente ao público quando associada à pele desnuda. Os publicitários, muito espertos, nos mostram como se faz isso.

Quanta responsabilidade! Onde está o meio-termo certo e moralmente viável entre abertura sem limites e pornografia obscena? Você pode imaginar quantas conversas foram necessárias entre a feiticeira e o jornalista, para ter algum êxito nessa busca do ouro.

Mas se pensarmos bem a fundo, o tema do sexo nem é tão problemático quanto pode parecer à primeira vista. Sexo é a coisa mais natural do mundo. Além disso, é uma das últimas aventuras que nos restam. Quem escutar a voz do seu corpo, quem conseguir desenvolver um comportamento liberado de tradições e religiões, na verdade sempre estará se saindo bem.

Tudo é permitido e, ao mesmo tempo, proibido. A liberdade própria termina onde a liberdade do outro começa. Sexo não é igual ao amor. Amor não é igual ao sexo. A união de ambos, com certeza, é um estado maravilhoso.

Tudo isso soa surpreendentemente simples, você não acha? Mas no caminho para chegar lá, há muitos obstáculos. Receitas de feitiçaria de tradição antiga podem ajudar a superar essas barreiras. É isso que queríamos cristalizar. E se agora estamos sentados frente ao nosso manuscrito, pouco antes de enviá-lo ao mundo, sentimos um pouco de satisfação, é verdade. Pois somos da opinião de que alcançamos o nosso objetivo, fizemos uma boa sabatina. Tanta autoconfiança é permitida. Escreva-nos quais as experiências que você fez com a magia do amor.

Sexo não é algo que só acontece no nível de abdômen, e espero que tenha conseguido expressar isso com toda a clareza. Muito mais do que isso, sexo é um assunto da mente e do espírito. Assim, a última instância para a sua atitude em relação a amor, parceria e sexo e para a sua atitude moral em relação ao sexo, ninguém ou nada mais pode ser senão a voz da sua própria consciência.

Nenhuma Igreja, nenhum guru, nenhum terapeuta e também nenhuma feiticeira pode prescrever-lhe o que fazer, nesse sentido. Portanto, conceda a si mesmo a tranqüilidade, dê-se um tempo para escutar essa voz da sua consciência. Você vai reconhecer que essa voz vem do Universo, que ela é sagrada e, portanto, infalível. Obrigada por sua atenção. Que os deuses protejam você!